学校体育教学与专项实践阐析

苑晓平 著

U0833376

中国纺织出版社

内容简介

在教育改革不断深化的过程中，近十几年大学体育教学得到蓬勃发展，并取得不少成果。这些成果涉及体育教学思想、课程教材、教学原则、教学内容与方法、教学组织与手段、教学目标与评价、学生体育能力培养等各个方面，以及与之相关的专项训练。本选题首先就学校体育进行概述，包括学校体育的产生、结构与发展等；然后对学校体育教学的理论、内容、方法、教学管理等进行详细的阐述；最后通过一些具体的专项教学实践来进一步阐析学校体育教学的方法和原则等，这些专项包括拥有坚实群众基础的乒乓球、篮球、羽毛球和足球等。

图书在版编目（CIP）数据

学校体育教学与专项实践阐析 / 苑晓平著 . -- 北京：中国纺织出版社，2019.4

ISBN 978-7-5180-4161-9

Ⅰ . ①学… Ⅱ . ①苑… Ⅲ . ①体育教学－教学研究－高等学校 Ⅳ . ① G807.4

中国版本图书馆 CIP 数据核字 (2017) 第 245182 号

责任编辑：武洋洋　　　　责任印制：储志伟

中国纺织出版社出版发行

地址：北京市朝阳区百子湾东里 A407 号楼　邮政编码：100124

销售电话：010-67004422　传真：010-87155801

http：//www.c-textilep.com

E-mail：faxing@e-textilep.com

中国纺织出版社天猫旗舰店

官方微博 http：//www.weibo.com/2119887771

北京虎彩文化传播有限公司印制　各地新华书店经销

2019 年 4 月第 1 版第 1 次印刷

开本：710 × 1000　1/16　印张：13

字数：233 千字　定价：59.00 元

凡购本书，如有缺页、倒页、脱页，由本社图书营销中心调换

前 言

随着时代的不断发展，我国基础教育的改革不断推进，因此，体育学这门学科也发生了很大的改变。其中，作为体育学分支的学校体育学在经过长期的实践中，不断进行总结、发展与创新，现已构建成比较成熟的教学体系。学校体育是学校教育中非常重要的一环，是其不能缺少的有机组成部分，在建设中国特色社会主义教育事业的发展基础上，学校体育发挥着极其重要的作用。《中共中央国务院关于深化教育改革全面推进素质教育的决定》中明确指出："实施素质教育，必须把德育、智育、体育、美育等有机地统一在教育活动的各个环节中。诸方面教育相互渗透、协调发展，促进学生全面发展和健康成长。"学校体育对于树立学生早期的人生观、价值观有着其他学科不能取代的重大意义。学校体育的教学目标是使学生身心都得到健康地发展，整体提高学生的身体和心理素质。目前，市面上对学校体育学做总体论述的书籍较为丰富，但是将学科教育理论与实践教学相结合的关于学校体育学的却少之又少，因此本书具有很强的理论和实践双重的指导效果，作者撰写此书，旨在帮助读者对该领域有着更好、更清晰的认识。

总的来说，本书大概分为三个部分，第一部分为第一章，主要为我们讲述了学校体育的一些基本概念与知识，包括学校体育的产生与发展、学校体育的地位与作用、学校体育的目标等内容。第二部分为第二章至第四章，主要阐述的是学校体育课程的目标与本质（学校体育课程的目标和本质），体育教学与教学设计（体育教学的基本知识、体育教学设计），体育教学方法与技能、评价（体育教学的方法、技能和评价）第三部分为第五至第七章，本部分为教学实践部分，第五章主要讲述的是学校体育中足球教学实践，包括足球运动技术和战术的教学；第六章主要讲述的是学校体育中篮球教学实践，包括篮球运动技术和战术的教学；第七章学校体育中乒乓球教学实践，包括乒乓球运动技术和战术的教学。

本书结构清晰，内容逻辑性强，图文并茂，通俗易懂，结合了理论和实践，对学校体育教学进行了深入的探究，让读者对学校体育有了更加深刻的理解。其中提出的一些关于学校体育的意见和建议契合了当今社会关于体育发展的需求，进一步提出了学生参与体育锻炼要达到的身体素质要求，体现了本书的科学性和时代性。这些富有时代气息的新内容不但丰富了本书内容，而且更加贴近现代学校对学生关于学校体育的教学宗旨。本书力求可以为教师提供更准确的指导作用，也为学生和后续研究者提供新研究方向的思路。希望本书在学校体育的发展及建设中能够尽一点绵薄之力。

由于本书在撰写的过程中借鉴了许多专家和学者的研究成果，在此表示诚挚的谢意。另外本书作者水平有限，书中难免有纰漏之处，恳请各位专家和读者给予批评指正。

作者

2017年10月

目　录

第一章　学校体育学概况

每一门理论学科的产生总是和社会实践息息相关，随着时代的不断发展，将人类从事劳动生产所得的实践经验加以总结，更好地满足人类改造世界的需要。学校体育学是研究和揭示学校体育工作基本规律，阐明学校体育工作的基本原理与方法的一门综合性应用学科。本章内容将从学校体育的产生与发展、地位和作用、发展目标的组织形式和要求三个方面展开论述。

第一节　学校体育的产生与发展

体育出现的源头可以追溯到原始社会，受到社会发展的制约，体育的雏形在原始人的一些户外活动中体现出来，如射箭。但是学校体育并没有出现，实际上，按照当时的经济条件，学校体育也不可能存在。下面分别阐述国内外的学校体育的产生与发展概况。

一、国外学校体育

西方奴隶制国家关于教育多来来源于古希腊的教育，其中关于体育的教育思想也相当丰富。随着社会制度的改变，在资本主义时期的不同发展阶段，学校体育的概念被提出并逐渐实现。

（一）产生

在漫漫的历史长河中，人类创造了大量丰富多彩的文化，其中，体育在人类的发展史中可以成为最原始的文化之一。早在原始时期，人类尚在从事社会劳动时就已经出现了体育的雏形，如传统的游戏和竞技项目等。然而，在原始时期很多文化都才刚刚起步，经济状况尚不发达，因此，没有条件形成早期的学校体育，也不存在可以专门教学活动的人。随着历史的发展，“文明”逐渐出现，尤其是古老的文明国家的创建，不仅带来了社会制度的转变（由原始时期进入奴隶制社会），并且出现了重大的历史里程碑，即文字的发明，也因此，出现了以文字为基础的教育启蒙场所——学校。例如，古埃及、古巴比伦、古印度相继创建了宫廷学校、祭司学校、神庙学校、古儒学学校等，这是学校体育产生的最基本的条件。早期的学校体育的萌芽在奴隶主以及贵族子弟才有资格进入学习的宫廷学校的教育课程中有所显现，如在古印度的宫廷学校中，王子和贵族子弟都被要求学习射箭、标枪、刀剑等。

古希腊的教育理论可以算是西方国家教育的摇篮，作为尚为奴隶制度的西方国家的完整且典型的象征，古希腊教育曾一度发展到古代教育的高峰，其中，古希腊的各个城邦，斯巴达和雅典的教育方式都称得上是典型。

在古希腊的各个城邦中，斯巴达是典型的军事化国家，在其中的每个公民都被列入军队士兵的范畴内，包括7、8岁的儿童，因此，斯巴达的教育方式几乎都是围绕军事教育开展的，想要通过严格残酷的军事体育的锻炼方法将斯巴达的士兵培养成身体健硕的武士，而对于文化的学习在斯巴达根本不能引起重视。斯巴达的主要军事体育的训练项目包括赛跑、跳跃、角力、掷铁饼、投标枪，被称为“五项竞技”，除此之外，还要学习骑马、游泳、作战游戏与击剑等项目。可以说，斯巴达的教育是非常极端化的，只重视军事体育的教育，对其他的、有需要的教育一概忽略。

与斯巴达的教育理念不同，雅典的教育方式更偏重于课程的多样化和灵活化。按照受教育学生的年龄来划分，雅典的学校可分为四个层级。即，第一层级为7岁的儿童学习文化和音乐知识的文法学校和音乐学校，在此层级的学校中，也会教导孩子们进行一些基本的体育活动，像跑步、跳远、游戏，以及站立行走的基本仪态姿势的练习；第二层级为12岁的青少年专门进行体育活动学习的体操学校，包括五项竞技项目（赛跑、跳跃、角力、掷铁饼、投标枪）和游泳、舞蹈等丰富体育学习生活的项目；第三层级为极少数的贵族男青年学习各项知识的国家体育馆，这类学校由国家创办，专为贵族阶级服务，学生在学习体育、文法、哲学、音乐、舞蹈等学科知识的同时，还要参加国家庆典和宗教仪式，与执政长官和高级官吏经常交流政治和哲学方面的问题；第四层级为成年后的公民专门学习军事体育教育的青年军事训练团。在学校体育的教育上，雅典主张精神锻炼要重于单纯的身体的锻炼，并且要积极和文法学校、音乐学校的教育相结合，在发展体育教育的同时，要注重道德教育。

综上所述，在奴隶制社会中，作为体育教育的主体多是带有浓烈军事色彩的学校体育，其教学内容和指导思想在一定程度上都被历史的发展所限制。尽管如此，古希腊的学校体育可以说已经由萌芽阶段发展到十分完备了，为后世的学校体育的进一步演化，提供了十分完整的参考模板。

（二）发展

1. 古希腊时期到中世纪神学统治时期

在希腊化时期，由于罗马帝国的入侵，希腊逐渐失去自主独立，其在文化教育上开始和东方文明相结合，在文化的形式和内容上都有了较大的改变。其中，作为保卫国土和外出征战的军事体育在其教育内容上也发生了很大的改变，由原来主要为军事活动服务改为保障学生身体健康。由于军事训练所占比例越来越小，慢慢地退出了体育教学的内容，同时学校体育也逐渐摆脱了军事教育的色彩，回归到学校体育的本质。这一时期主要提出的学校体育的教育思想主要是通过体育锻炼加强学生的身体素质，对以往的仅仅只是服务于军事的学校体育有了重大的思想上的超越。

2. 文艺复兴时期到资本主义初期

14世纪起，欧洲各国开展文艺复兴运动，这无疑是西方思想上的一次巨大的冲击，它使人们对世界有了新的认识。借着这股新的思想潮流，学校体育又开始焕发出新的光芒。在一些新办的学校中，学校体育得到了普遍的重视。例如，意大利的人文主义教育家维多利亚在其创办的被称为“快乐之家”的孟都亚宫廷学校中就极力推崇学校体育教育，他认为：“教育的最终目的，应是培养精神、身体、道德都充分发展的人。”“体育应被看成高尚的、与科学知识教育并重的教育内容。”

文艺复兴运动在开始后的两个世纪里达到了其高潮，在此期间，欧洲还爆发了一场宗教改革运动。这次的宗教改革将学校体育推向了世界范围，其中捷克著名的教育家夸美纽斯关于学校体育提出了“适应自然”的思想原则，他将人文主义者、宗教改革者和耶稣会在体育教育上的通过实践和理论相结合所得的成果加以继承和发扬，使得学校体育不再局限于仅教育贵族的范围内，因此，夸美纽斯被称为“近代学校体育之父”。

3. 自由资本主义时期

19世纪初期，体操这一项目先后被丹麦、瑞典、德国等西方国家定为中小学期间必修的课程；第一次世界大战时期，许多西方国家颁布了关于学校体育的法律法案，如英、美、德、法等，自此学校体育正式确立为体制制度。但是受到战争的影响，这个时期的学校体育不可避免地带有强烈的军事色彩。

西方资本主义学校体育在第一次世界大战前后得到了快速发展，而苏联的社会主义学校体育也不甘落后。1923年，苏联颁布了《学校体育教学基本发条例》，并在各中小学将体育划分为必修课程；1927年，将学校体育教学的内容、形式以及方法全部变更，重新制定统一、新的体育教学大纲；1931年，苏联体育委员会设置劳卫制，并将劳卫制按等级划分（一级、二级、预备级），同时颁布《劳动与卫国体育制度》，规定每个等级需要达标的项目（一级为15个，二级为22个，预备级为16个），以及必须学习的体育、军事、卫生等理论知识。苏联劳卫制的施行使得其学校体育的发展得到了质的飞跃，并且为后来建立社会主义制度的国家发展学校体育提供了良好的典范和丰富的实践经验。

二、我国学校体育

我国关于学校体育的思想观念是从西方国家学习来的，受到国外多种思想的影响，如军国民体育思想、自然体育思想、苏联体育教育理论等。

（一）历史沿革

1. 古代简况

我国的古代学校的出现最早可以追溯到奴隶制社会，追查史料，早在夏朝时期就有被命名为“校”“序”“库”等不同名称的学校出现的记录；到了商朝，学校又分为“大学”“库”两个级别，教导不同的学生；西周时期，学校教育进一步发展，建立了专为奴隶主或贵族的子弟进行教育的“国学”“乡学”，旨在专门将其培养为统治阶级或官吏。在奴隶制的背景下，所有的文献书籍都被统治阶层占为己有，只有贵族子弟才可以学习文化知识，这在当时被称为“学在官府”。这些统治阶层的子弟们在学校接受教育的主要内容被称为“六艺”，即礼、乐、射、御、书、数，其中，“射”指射箭和弹弓，“御”指驾驶，“乐”指音乐和舞蹈，这三项学习的内容都具有体育教学的性质。随着我国古代的社会制度由奴隶制转变为封建制，学校教学也逐渐转变为“学在四夷”，即出现了大量除官府办学以外的学校。西汉之后，在我国维持了两千多年的封建制度中，绝大部分的学校都更加看中德育和智育，所秉承的思想理念是重文轻武，其教学内容主要是儒家的“四书”“五经”。唐朝时期施行了文、武分开考核的科举制度，到了宋朝，才开始兴办武学，旨在训练和选拔优秀的军事人才。但是这种武学教育并不能称得上是学校体育。到了清朝末期，由于西方列强的侵入，我国急于改变腐朽落后的封建制度，曲线救国，于是不断学习外国先进的文化知识，效仿日本和欧美等国家，创办新型的学校。其中关于学校体育的内容主要体现在体操的教学上。

尽管学校体育在我国古代出现较早，但一路的发展过程十分曲折，尤其是当社会制度转变为封建制以后，历朝历代的统治阶层都更重视文化知识上的教育，采用科举制选拔文臣，武将的地位始终居于之下，严重时甚至被学校教育摒弃，也因此，我国的学校体育在良好的开端下，最终却落于人后，没有得到应有的发展。

2. 近代的形成和发展

甲午战争之后，康有为、梁启超、严复等人发起维新变法运动，主张学习西方资产阶级先进的科学文化知识，维新派的观点认为，所有学校都应该将儿童、少年的身体健康放在首位，应该重视学校体育，加强学校体育教育，不断提高学校体育在学校教育中的地位。维新变法运动将我国的学校体育重新带回大众视野，对我国学校体育的发展产生了深远而巨大的影响。

辛亥革命之后，尽管国民政府改革了部分学校教学，但是依旧没有对学校体育重视起来，几乎没有采取任何的革新手段，大多继续沿用以兵操为主要教学内容的体操课。当时的许多学校在教会学校和基督青年会的影响下开始举办一些课堂外的体育活动，如球类运动、田径比赛等。可以看出，近代的学校教育基本呈现一种课内和课外的“双轨”现象，这两种完全不同教学体系一直持续到1922年的学制改革。

“五四”运动是我国历史上一次重大的思想变革运动，其中一项十分突出的成果即是引进了马克思主义。这些先进、科学的教育思想对我国体育的发展影响深远，许多围绕体育展开的著作也逐渐出现。1917年，毛泽东同志发表在《新青年》杂质上的一篇有关体育理论的文献，即《体育之研究》，引起了巨大的反响。毛泽东同志从我国当时的学校体育教学现状出发，利用辩证唯物主义的观点，对其进行了严肃的讨论、分析与批评；指出教师与学生应该清楚地了解到学校体育教学的意义所在，参与课堂教学锻炼的原则有哪些；重点论述了学校教育应该德、智、体全面抓。毛泽东同志的这篇文章是我国近代以来最杰出、最典型的体育理论文献，很大程度上加快了我国的体育建设，具有十分重要且积极的意义。

3. 新中国成立之后

1949年10月10日，新中国的成立将我国的各项发展建设都带上了一个新的台阶，学校体育也同时进入了一个全新的发展阶段。学校体育在取得了巨大的成就的同时，但也经历了曲折的发展道路。十一届三中全会的召开，使得党和国家实行了一系列改革开放政策，国民经济迅速恢复和发展，学校体育也进入了一个蓬勃发展的新阶段。学校体育的管理机构逐渐恢复并得到加强，我国各级各类学校内部的管理体系也逐步健全，从而保证学校体育工作开始向着规范化、制度化、科学化的方向发展。

（二）思想变迁

1. 启蒙

我国学校体育思想启蒙于清王朝末年的资产阶级改良主义运动。当时，由于清王朝的腐朽统治，国内民不聊生，国外列强欺压。以康有为、梁启超、严复、谭嗣同等为代表的一批有识之士欲图通过改良的办法，使中国富强自立。他们努力寻求救亡图存的道路，在教育上主张“废八股、兴西学”，提出对学生要进行“德教、体教、智教”的全面教育观点，认为“体育是教育中不可缺少之物”。其中，康有为在其《大同书》中，还根据少年儿童的身心特点，提出了各年龄段身体发展的要求。对婴儿，要注意“嬉戏安息如何而合儿神，务令得宜以壮儿体”；对小学生，“专以养体为主，而开智次之。令功课稍少而游嬉较多，以动荡其血气，发扬其身体”；对中学生，由于“身体尚弱”，故仍需“养体”；对大学生，仍应“亦重体操，以行血气而强筋骸”。严复在其名著《原强》中指出，一国富强之效，以民之体强为基础，提出练体力是教人的三纲之一。他还根据西方进化论及自然科学观点，主张“培先天，养后天，运动强身”。维新派从德、智、体全面发展上宣传体育，为以后学校体育的实施创造了思想条件。“五四”新文化运动，是继改良主义运动以来对我国封建传统思想与文化冲击最大的一次运动。以陈独秀、李大钊、毛泽东、恽代英、徐一冰等为代表的新文化战士高举反帝反封建以及“民主”“科学”的旗帜，宣传马克思列宁主义的进步思想文化。其中毛泽东等人用近代科学的观点研究和提倡体育，特别是对学校体育的一些基本问题进行较深入的研究，对学校体育思想发展也产生了广泛的影响。陈独秀认为中国封建旧教育最大的缺点在于偏重学生脑部的教育，而忽略学生身体的锻炼。他把“健全体魄”作为青年爱国的条件之一，主张“全身的教育”，特别应当注意以“体操发展全身的力量”，使学生都能成为“意志顽强、体魄强健”的新青年。毛泽东在其《体育之研究》的著名论文中，深刻阐述了体育的概念、目的、作用以及德、智、体的关系；并对体育锻炼的原则、方法等问题做了较系统的论述，结合当时的社会背景提出了“体育于吾人实占第一之位置”的观点。在毛泽东发表《体育之研究》的同年，恽代英也发表了《学校体育之研究》的著名论文。该文以近代科学知识论述学校体育的问题，提出学校体育应是“保学生之健康”的教育，并呼吁改片面的、骤进的、枯燥的体育为系统的、圆满的、渐进的、有趣的体育。

从改良主义运动到“五四”新文化运动的进步思潮中，对学校体育在教育中的重要性的认识不断得到加强，为我国近代以来学校体育的发展从思想上起到了重要的启蒙作用，也宣告了几千年来中国思想史中几乎无学校体育思想的历史结束。

2. *初步形成*

1978年十一届三中全会后，我国学校体育思想建设进入一个全新的时期。面对当时我国青少年体质普遍下降的现实，以及自文革末期形成的我国学校体育偏重于竞技体育，把少数运动员的比赛成绩视为学校体育的主要成绩，而忽视大多数学生体质的不良状况，我国教育界、体育界有识之士从提高民族体质的角度，大声疾呼关心学生的体质。一些学者本着增强体质的立论基础，进一步提出了“体质教育”的学校体育思想。该思想强调学校体育“应以发展学生身体、增强学生体质为主导”。至20世纪80年代中期，该思想“基本形成相应的理论体系”并主导着当时学校体育的发展。

自“体质教育”思想之后，我国的学校体育又出现了“三维体育观”和“以人为本”的新式体育思想观念，在这些有关体育教育思潮的积极影响下，我国的学校体育向着新的发展方向前进，同时，有关体育教学的思想也进入了一个全新的发展阶段，涌现出的多种教育思潮相互依赖，彼此依存。到目前为止，形成的比较有代表性的思想就有“技术教育”（“三基”教育）思想、“快乐体育”思想、“全面教育”思想、“终身体育”思想等。

第二节　学校体育的地位与作用

学校体育与德育、智育相结合，共同组成一个相当完善的学校教育，积极地为现代社会建设培养更多更好，且全面发展的人才。同时，学校体育是国民体育中不能缺少的一环，学校体育体现了全民健身的重要性，极大地促进了现代社会精神文明的建设，可以说学校体育是体育事业发展的战略重点。

一、学校体育的立体结构

学校体育的教学内容大致可以归纳为三个方面，即体育课程、校内活动和校外活动。

（一）体育课程

1. 主课程

所谓“学科课程”，通常又被称为科目课程（subject curriculum），是“根据各级各类学校培养目标和科学发展水平，从各门科学中选择出适合一定年龄阶段学生发展水平的知识组成的各种不同的教学科目”。

体育学科课程是人们根据现实生活需要和个体发展需要，从体育领域精选出合适的体育文化所组成的教学科目。自1903年《奏定学堂章程》颁布之始，体育学科课程（即体育教学课）就始终是我国学校体育课程的主要形式（在相当长的一段时间内甚至是唯一形式），其“目的旨在通过体育文化的传授，使学生掌握体育基础知识、运动技术和战术，并形成相应的体育技能”。作为一种课程类型，体育学科课程的优势主要体现在以下方面：第一，学生主要以学习间接经验为主，有利于提高体育文化传递的效率；第二，学生学习的内容是经过体育课程专家和体育教师精心挑选、系统组织和科学编排的，有利于学生对基础知识和基本技能的掌握；第三，学习方式以接受式学习为主，有助于学生最大限度地了解体育文化。与此同时，体育学科课程也存在一定的局限：第一，体育学科课程以学习间接经验为主，虽然提高了体育文化传递的效率，但是却容易屏蔽学生对体育文化产生、发展过程的认识和体验；第二，体育学科课程的内容是经过专门组织的，但这种组织往往更倾向于学科逻辑，却容易与学生的实际生活相脱离；第三，体育学科课程的学习方式以接受式学习为主，容易形成一味灌输的格局。

2. 辅助课程

所谓“活动课程”（activity curriculum），是指打破学科逻辑组织界限，以学生的兴趣、需要和能力为基础，通过学生自己组织的一系列活动而实施的课程。它也常常被称为“儿童中心课程”“经验课程”。

以体育活动为主要内容的活动课程，我们称为体育活动课程（即体育活动课）。该类型课程重视让学生在大量的体育活动中加深对体育原理的理解和对运动的体验，其目的旨在提高体能、活跃身心、培养学生体育实践能力。1996年，为了进一步深化体育课程改革进程，国家教委下发了《“体育两类课程整体教学改革”方案》的通知，将以往单一的学科类课程体系改变为学科类课程与活动类课程相结合的课程体系，将活动类体育课程列入“体育课程教学的范畴”。作为一种课程类型，体育活动课有其自身独特的特点，如学生以学习直接经验为主；活动内容在一定程度上由学生自己选择、决定。体育活动课的上述特点，一方面有助于个体体育知识技术在体育实践活动中的综合化，提高知识技术的应用水平。另一方面也有利于充分调动和发挥学生学习的主动性和积极性，培养学生自主学习的能力。体育活动课的最大不足之处就在于难以给学生系统的知识，学生掌握体育知识技术的效率较低，因此只能作为体育的辅助课程。

（二）校内活动

1. 课间活动

课间体育活动，也称课间操，一般由广播操、武术操、眼保健操、体育游戏、慢跑、跳绳、体育舞蹈等简单易行的体育活动组成。一般来说，课间操的时间不宜过长，生理负荷也不宜过大，但近年来的“大课间体育活动”改变了这一常规，主要是为了落实“每天锻炼一小时”而进行的课间操改革。课间操内容的选择与安排应根据不同季节和学校的具体情况确定，除统一安排外，各班还可自行选择安排或根据个人特点自我选择。组织形式一般情况下是全校学生集中进行，但根据季节、学校的场地条件等具体情况可以以班级或个人为单位进行。在我国学校中，课间操一般都受到学校重视，并制定有检查总结制度。

2. 课余体育

课余体育（即课外体育），是指学生在课余时间里，运用各种身体练习方法，以发展身体、增强体质、丰富业余文化生活为目的的身体活动。在我国学校体育工作中，课余体育锻炼历来占有十分重要的位置，如在1951年政务院通过的《关于改善各级学校学生健康状况的决定》中就明确规定："学生每日体育、娱乐活动或生产劳动时间，除体育课及晨操或课间活动外，以1小时至1小时半为原则。"

课余体育是学校体育工作的基本途径和重要组织形式，它的开展有利于培养学生的体育兴趣和体育习惯，奠定终身体育的基础，促进校园文明建设。课余体育锻炼的内容包括以健身、保健、娱乐为目的的体育活动，以提高运动技术水平为目的的课余体育训练，以及为丰富学生课余文化生活而举办的课余体育竞赛等。其组织形式大致可以分为全校性活动和年级活动、班级活动和小组活动、俱乐部活动、小团体活动、个人锻炼活动等。其中，体育俱乐部活动是近年来在我国出现的一种新型课外体育活动的组织形式。校园内的体育俱乐部一般分为单项俱乐部和综合俱乐部两类，由学校根据自己的场地设备、师资力量、优势传统体育项目等因素筹建，经费主要来源于学校下拨、会员会费和社会赞助等三部分。

（三）校外活动

1. 校外运动竞赛

校外运动竞赛，是指学生利用课余时间在校外参加的以争优取胜为直接目的，以运动项目（或某些身体活动）为内容，根据规则要求进行的个人或集体的体力、技艺、心理的相互较量的体育活动。校外运动竞赛可以由政府部门组织 （如省市运动会、篮球赛等），也可以由地区或学校体协发起（如学生自己组织的校际间篮球赛、足球赛等）。校外运动竞赛的开展在促进校际间学生的体育文化交流，丰富学生的业余文化生活，提高学生的运动水平等方面起到非常重要的作用。

2. 校外体育活动

校外体育活动是指学生在学校以外参加的体育锻炼活动。它与校内的课外体育锻炼相互联系密切配合，构成了学生课外体育活动的主要内容。其主要形式有自我锻炼、家庭体育、社区体育等。

（1）自我锻炼

学生在离开学校后自发进行的各种体育锻炼活动，是学生课余生活的重要组成部分，如在节假日里，学生们三五成群在居住区空地或运动场进行的各种体育活动。自我锻炼对学生合理利用课余时间，接触社会，培养良好的体育生活习惯有着重要作用。

（2）家庭体育

学生在家长的关心、参与、支持下开展的体育活动。家庭体育对增进家人感情交流，对普及体育知识有着重要的作用。

（3）社区体育

学生在所居住的区域开展的多种体育活动。社区体育对学生具有一定的教育作用，对培养学生的社会交往能力和社会化有着重要作用，对于体育的普及和体育文化氛围的构建具有重要意义。

目前我国学生的校外体育锻炼主要依托于自我锻炼和家庭体育，社区体育尚未发挥积极作用。这是由于我国的社区体育起步较晚，再加上人力和财力的限制，还由于过去青少年体育的责任更多地被放在学校，社区把重点放在中老年人的锻炼上。

二、学校体育的特殊地位

学校体育既是教育，也是学科，在兼顾科学性的锻炼方法时，加强教育管理。

（一）“教育”与“学科”并重

1. “三育”之一的体育

在学校中，体育不仅是全面发展教育的重要组成部分，而且是全面发展教育的重要手段。首先，体育是全面发展教育的重要组成部分。早在古希腊时期，著名的哲学家、教育家亚里士多德就主张国家应对儿童进行公共教育，使他们的身体、德行和智慧得以和谐地发展。欧洲文艺复兴时期，英国哲学家、教育家洛克则明确地把教育分成德育、智育、体育三部分，并强调指出，“健全的精神寓于健全之身体。”马克思在关于人的全面发展学说的论述中也曾指出：“我们把教育理解为以下三种东西：第一，智育。第二，体育，即体操学校和军事操练所传授的东西。第三，技术教育。”同时，马克思还曾在《资本论》中科学地预见到“未来教育对所有已满一定年龄的儿童来说，就是生产劳动同智育和体育的结合，它不仅是提高社会生产的一种方法，而且是造就全面发展的人的唯一方法”，明确指出了体育在全面发展教育中的重要地位。

在学校教育中，为了使学生能够全面发展，除了德育、智育、美育、劳育之外，体育也是必不可少的教育手段之一。随着时代的快速发展，人们的生活质量越来越高，对于当代的学生来说，为了更好地学习文化知识，最起码的要求是要有一个强健的体魄和优秀的身体素质。只有这样，才能将学生的本分完成得更加出色。体育活动除了能增强学生的身体健康，同时还能增强学生的心理素质，积极参加体育活动可以对学生进行共产主义思想品德教育。毛泽东早年在《体育之研究》中就曾指出：“体育一道，配德育与智育，而德智皆寄于体，无体是无德智也”“体者，载知识之车而寓道德之舍也”。体育锻炼还可以使学生具有健美的体形和体态，有利于培养学生的身体运动的审美。运动技能的增强也为劳动技术教育提供了身体和技能的条件。

2. 多学时、多学科

在学校教育中，体育不仅是德智体全面发展教育的组成部分和手段，同时也是一门重要的教学科目。体育是中小学课程中开设时间最长、设置学时较多的学科，如从20世纪50年代起，我国就已经明确且一直奉行“体育课程是小学、初中、高中、大学（一、二年级）的必修课程”这一规定。与之同时，在中小学的各科教学时数中，体育课的教学时数仅次于语文、数学和外语，是学科的第四位。以下是关于现行中小学体育课教学时数的统计。

表1-2-1　现行中小学课程中的体育教学时数

年级	体育周课时/学时	总课时/学时
小学1~2年级	4	288
小学3年级~初中3年级	3	756
高中三个年级	2	216
12个年级合计	9	1260

体育还是融合多学科知识于一体的学科。体育课程的主要任务是传承体育文明，而体育运动是人体的运动，它的科学性、合理性都是建立在解剖学、生理学、生物力学、生物化学、心理学、营养学等学科领域之上的。与之同时，体育是人类参与的运动，这又同社会学、管理学难以分离。因此，体育是涉猎多学科知识的学科。最后，体育是学校中唯一通过身体的练习促进身体发展的学科。在学校教育中，个体智力和道德的发展

有众多学科的支撑，而身体的发展则主要由体育课程来承担。

（二）“管理”与“科学”并重

1. 事业管理

学校体育隶属教育事业，教育事业是党和国家的事业，是规定性的义务教育内容，体育是必修课程，具有强制性，是任何受教育者都必须接受的教育，从这一点来讲，学校体育是国家的意志，也是管理型活动，如学校体育要根据国家的要求制定工作目标，制定有关的法规和制度，制定检查和评价的标准，在这里强调的是“符合国家的要求和有关制度”，而不是“遵循科学的规律”。对于学校体育工作者来讲，替国家进行管理的思想是必需的，也是必要的，良好的管理是学校体育目标实现的必要条件。从内容上讲，学校体育管理总体上可以分为学校体育宏观管理和学校体育微观管理。学校体育宏观管理是指国家及各级教育行政部门对学校体育工作的管理，由各级教育、体育、卫生部门负责实施，主要包括各级教育行政部门的学校管理、课程计划管理、体育师资管理、学校体育经费及器材设施管理。学校体育微观管理主要包括对学校体育教学、学生课外体育活动、运动训练与竞赛、学生体质与健康状况、学校体育场地设施及体育资料、档案等方面的管理。

2. 科学研究

学校体育是以传承体育文明、促进学生身心发展为最终目的的教育活动。是教育科学的重要组成部分，这种教育活动的目的不是随随便便就能够实现的，而是必须遵循学校体育的规律，遵循科学的原理才能做好的工作。而学校体育的基本规律、基本原理和方法不是既有的、现成的，是需要我们在学校体育实践中以科学研究的态度，采用科学研究的方法去发现和总结的。而且，由于学校体育的历史并不久远，学校体育的研究者数量有限，经过正规培训的学校体育工作者的数量也不十分充足，因此学校体育的科学化任重道远。学校体育科学化的过程就是人们进行学校体育研究和探索的过程。因此，学校体育工作不是单纯地实践，而是应该在实践过程中不断研究、不断创新，促进其不断科学化。在这里强调的“一定遵循科学的规律，实事求是”而不是“要符合某个要求和制度规定”。

因此，在学校体育工作中一定要判断哪些是“管理的工作”，哪些是“科学的工作”，哪些是要“遵循规律”，而哪些是要“遵守规定”。要既做好学校体育的管理工作，又要做好学校体育的科学化工作。

（三）“校内”与“校外”并重

1. “围墙内”

《学校体育工作条例》规定，学校体育工作是指体育课教学、课外体育活动、课外运动训练和课外运动竞赛，是实现我国学校体育目标的基本途径。在日常工作中，这些活动形式的开展主要是在校内实现和完成的，其原因主要有以下几点：第一，学校是最便利的体育运动场所。学校体育的工作都是日常性的工作，在校内进行比较方便，体育活动能够因时、因地制宜开展，效果会更好。第二，学校的体育场地器材设施更加符合学生的年龄特征和锻炼需求，如小学的体育场地和器材一般都突出一个“小”字（如小篮球、小足球等），这就更容易让学生进行锻炼。第三，学校的体育场地器材相对而言比较完善和丰富，更有利于学生开展不同形式的体育活动。第四，校内锻炼有专职教师指导，锻炼能够更加科学和安全。

2. 校外扩展

学校体育工作的主要阵地在校内，它能够为学生锻炼提供完善的场地器材和科学的管理指导。但是，校内体育也有其难以摆脱的弊端，如校内体育多是在学校及教师的安排下进行的，学生锻炼的自觉性难以得到有效提升。校内活动空间有限，学生聚集，难以完全满足不同学生个体的锻炼需要。因此，学校体育工作的开展在以校内为主的基础上，需要以校外的作为有益补充。与之同时，对于学生体育生活方式的建立和体育习惯的形成，校外体育也起着不可替代的作用，如校外体育可以促进学生对已学体育知识技术的熟练运用，坚定自己的体育信念，发展广泛的体育兴趣等。正是因为校外体育在某种程度上能够弥补校内体育的不足，所以随着社会的发展，学校体育正在不断向“围墙”外扩展。

三、学校体育的作用

学校体育对学生的体质增强有着直接的作用，在此基础上，体育文化也被很好地传承下来，有效帮助学生树立正确的精神世界和人生价值观。

（一）传授特定知识

1. 学校体育往往是体育知识的启蒙

知识对于个体体育实践活动的重要性是不言而喻的。很难想象一个不懂体育文化，不具有基本体育素养的人能够在现代社会充分享受体育的激情和快乐，尽情享受体育带来的健康和活力。学校体育作为一种教育形式，其主要任务就是传承体育文明，让学生接受体育文化教育，从而更好地为学生的生活服务。然而，体育文明不是一个空洞的词汇，它是一个内容庞大的群体，庞大和多样到任何一个体育专家都无法尽数。生活在现代社会的个体就是被这样多样化的体育文明包围着，面对如此境况，学校体育在文化传承过程中应该扮演什么角色呢?我们认为，学校体育是学生体育知识的启蒙，其理由如下。

第一，学校体育是对学生今后深入学习体育运动的启蒙。学校体育教授的体育知识是最基础和最基本的，这有利于学生今后根据自己的兴趣和爱好更好地进行深入学习。由于教学时数和学校条件的限制，学校体育不可能让学生对体育文化进行全面接触和深入学习，只能在力求让学生形成1~2项擅长运动的基础上，对日常流行的体育运动有一个大体了解和基本认识。这样，学校体育就给了学生一个多项运动入门的平台，为他们今后进一步学习奠定基础。

第二，学校体育是对学生体育兴趣、体育价值观的启蒙。学生时代是体育兴趣、体育价值观形成的关键期，而体育兴趣和体育价值观在很大程度上依赖于个体对体育知识的掌握。如果一个学生对某些运动进行了初步的体验和学习，那么他就能够体验到这些运动的乐趣，从而找到更适合自己的运动。如果学生对体育文化有了全面地了解，那么他对体育的认识就会更加深刻和正确，就更能够形成科学的体育价值观和良好的体育态度。正如有些同学所说：我们轻视体育，是因为我们从未接受过高等正规的体育教育。

第三，学校体育是学生体育锻炼的启蒙。体育锻炼是一门学问，是一门科学。个体良好健身效果的获得不仅仅是靠形式上的参与就能够解决的，运动参与只是体育锻炼的“形”，体育锻炼知识才是体育锻炼的“神”，体育锻炼必须形神俱全才可能取得良好的锻炼效果。学生正处于身体的生长发育期，通过学校体育让他们更多了解不同时期的身体发育特点，掌握基本的锻炼知识，这对其形成科学健身意识、正确的锻炼态度都是很有益的帮助。

2. 学校传授的体育知识是最完整和最有保障的

体育知识对个体体育实践活动非常重要，关于这一点人们已经达成了共识。学校体育是传递文化、培养人的教育活动，这一点也得到了公众的一致认可。但是，个体的体育学习是贯穿一生的行为，其体育知识的获得途径广泛而且多样。那么，与其他形式相比，学校在体育知识的传授方面有什么独特的优势呢?我们认为，学校传授的体育知识是最完整和最有保障的，这一点是其他形式无可比拟的。

第一，学校传授的体育知识是最完整的知识。学校体育是一种有目的、有计划地对学生实施体育文化教育的活动，其学习内容是体育课程专家和体育教师根据社会需要和学生身心特点，从浩瀚的体育文化体系中精选出来的基础知识和基本技能。这些知识具有全面性、多样性、连贯性和实用性的特点，比较完整地展现了体育基础文化的概貌。然而，学生通过其他途径的体育学习，所获得的知识往往是零散的，尽管可能很有针对性，但是从体育文化传承的角度讲，它不利于学生对体育文化的系统了解，因此只能作为学习的辅助形式。

第二，学校传授的体育知识是最有保障的知识。与其他形式相比，学校传授的体育知识不仅是最完整的，而且也是最有保障的，这是因为：首先，在学校学习体育知识最有时间保障。在人的一生中，只有学生时代是专门用于学习的时期。学生在学校中的主要任务就是学习各种文化知识，体育文化知识的学习也不例外。其次，在学校学习体育知识最有质量保障。学生在学校的体育学习是在体育教师的指导下进行的，是教师有目的、有计划地引导学生掌握体育知识的过程，这在某种程度上大大提高了学生体育学习的效率和质量。最后，在学校学习体育知识最有环境保障。学校是专门对学生实施教育的场所，因此在教育环境上要远远好于其他场合，如学校的体育场地器材是比较全面和形式的，基本能够满足学生学习的需要。而且学校的体育场地器材往往更加符合学生的身心特点，具有年龄的针对性，更加适合学生的锻炼和学习。与之同时，除体育课外，学校还会通过开展多种形式的运动竞赛来激发学生的学习热情，引导学生在竞赛的氛围中学习体育文化。

3. 学校传授的体育知识以操作性知识为主

就体育知识而言，其类型可以分为以下四种：第一种是“知晓性知识”。所谓知晓性知识，是指人们可以去言传的知识，这部分知识与其他学科的知识具有共通性。在体育文化中，知晓性知识主要包括运动的历史知识、运动项目知识、体育锻炼知识、卫生保健知识等。第二种是“操作性知识”。所谓操作性知识，是指知道某种操作性动作的合理并知道如何运用这种方法的知识。在体育文化中，身体基本活动技术、项目运动技术方法、战术、安全保护的方法、锻炼身体的调控方法等都属于这一类的知识。第三种是“综合性知识”。综合性知识是知晓性知识和操作性知识共有的混合性知识。在体育文化中，体育锻炼方法与原理即属于这一类型的知识。第四种是“道德性知识”。道德性知识也是一种融知晓性知识和操作性知识于一体的混合性知识，主要渗透在公平、公正、团结友爱、协同、理解、原谅、服从等行为中。

与其他类型的体育知识相比，体育操作性知识具有自己独特的特点：第一，它是既需要言传又需要经过内化训练的知识，只靠言传是不能完全掌握作性知识的；第二，它一旦掌握就不容易遗忘，如学会了骑自行车，其技术可能永远不会完全消失，即便以后很长时间不骑车，但依然具有相应的操作性本领；第三，它有难度之分，主要表现为同生活相近的操作性知识容易掌握，同生活较远的操作性知识不太容易掌握。

（二）陶冶道德行为

1. 体育是良好行为和道德培养的最佳教材

（1）体育是挫折和成功交替的过程

体育强调竞争，是与对手的竞争，与自己的较量。但是，竞争必定有输赢，因此体育运动往往既有挫折又有成功，是挫折和成功交替的过程，如在奥运会的颁奖仪式上，当看到运动员饱含泪水庆祝自己胜利的时候；在日常长跑中，当看到一些学生尽管拼尽全力但最终落后却坚持到达终点的时候；在体育教学中，当看到有些学生屡屡受挫但最终通过努力完成学习目标的时候，我们都会为之感动，同时也会为他们的行为喝彩。因为，他们在历经挫折之后战胜了自己，这就是体育的魅力。

（2）体育与集体的形成密切相连

体育与集体有着密切的联系。然而，集体不是一句空话，集体有集体的要求。例如，集体要有共同的目标，集体要有共同的荣誉感，集体要求成员完成各自的职责，集体要求集体成员遵守集体的规则，服从集体的领导等。在这些方面，体育本身就表现出了很多集体的特点。比如，体育运动中很多运动项目都是集体项目，是需要依靠多人（集体）配合来共同进行的。这些运动团队有共同的目标，有共同的荣誉感，每个队员都有自己的职责。因此，体育运动的过程本身就是集体形成的过程，在这一过程中有助于个体学会适应集体的本领。

（3）体育行为是被规范了的行为

体育是一种被规范化的文化，这种规范性体现在体育运动的方方面面，主要包括规则规范、道德规范、礼仪规范、服装规范、行为规范等，如比赛时运动员必须遵守比赛规则，如果违规就要受到处罚。比赛中如果出现“黑哨”，裁判员就会因为违背了诚实、公正的道德规范而受到谴责。体育的规范性同时也体现在我们对体育运动的参与中。比如说跑步，当我们以自然状态跑步的时候，跑就比较随心所欲，而当我们在田径场上跑的时候，就会追求很多规范性的东西。比如，不能犯规、跑得好看、着装合体等。体育就是这样一个被制约着，同时又可以展现自我、自由和规则的文化。

2. 体育精神与学校教育相吻合

（1）体育体现了顽强拼搏的奋斗精神

拼搏精神是人类得以繁衍生息、繁荣昌盛的重要品质，是人类最伟大、最可称颂的内在力量。提到拼搏，几乎每个人都会在第一时间想到体育，因为赛场上的拼搏正是人类拼搏精神的缩影，“更快、更高、更强”也正是人类挑战极限、挑战自我拼搏精神的最好诠释。顾拜旦在《体育颂》中曾有过这样的赞叹：“啊，体育，你就是勇气!肌肉用力的全部含义是敢于搏击。若不为此，敏捷、强健有何用?肌肉发达有何益？”我们所说的勇气，不是冒险家押上全部赌注似的蛮干，而是经过慎重的深思熟虑。由此可见，体育体现了人们克服一切困难的进取精神和英雄气概，它让人们明白生活中最重要的事情不是胜利，而是斗争，不是征服，而是奋力拼搏。

（2）体育体现了坚韧不拔、永不言弃的参与精神

坚韧不拔、永不言弃，是体育对人类精神文化的又一重要贡献。如牙买加运动员奥蒂被称为“永远的伴娘”，她多次参加奥运会和世界田径锦标赛，获得过三十多块奖牌，却从未获得过金牌，但她坚持不懈，四十多岁仍然奔跑在竞技场上。人们称她为“失利者”而不是失败者，在她的身上集中体现了奥运会提倡的永不放弃、永不气馁的体育精神。在运动场上，还有很多像奥蒂一样的运动员，尽管他们没有获得金牌或很少获得金牌，然而他们永不言弃的精神却已经远远超出了金牌的意义，他们的存在本身就是人类精神追求的象征。正如鲁迅所说：“优胜者固然可敬，但那些落后而仍然跑到终点不止的竞技者，和见了这样的竞技者而肃然不笑的看客，乃正是中国将来的脊梁。”

（三）建设校园文化

1. 体育是显现的校园文化景象

从文化性质上说，校园文化实际上是一种群体文化，其发展主体是学

生，主要发展内容是课外活动，主要发展空间是校园，在这当中，校园精神是校园文化中最显著的特征。体育不仅是校园文化的重要组成部分，而且还是最显现的校园文化景象。

从形式层面讲，体育是学生在学校每天都要接触的文化。如清晨学生在教师带领下进行早操锻炼。第二节课后，全校师生在音乐的陪伴下走向操场，开展丰富多彩的大课间体育活动。下午第二节课后，形式多样、内容精彩的课外体育活动则让学生进一步享受体育带来的快乐。从精神层面讲，体育文化蕴涵了人类精神文化的精髓，给文化启蒙带来很多东西，如体育比赛中自由发挥的创造精神、挑战生理极限的拼搏精神、服从团队和裁判的规则意识都是现代人最重要的文化素质。学生参与体育活动，对优秀精神品质的培养、积极向上社会风尚的形成以及民族自豪感、自信心、爱国主义精神的树立都有很大的帮助和提升。并且，经常参加体育锻炼，对学生的身体健康和心理素质都有较高的增强。从物质层面讲，学校的体育场地、体育场馆也同样是学校中一道亮丽的风景线，是学校对健康、快乐、文明倡导的充分展现。

2. 体育是最流动活泼的校园文化

体育不仅是最显现的校园文化，而且还是最流动活泼的校园文化。例如，学校每年举行的各种各样的体育比赛、校运动会和体育文化节，往往是学生们最开心和校园内气氛最活跃的时刻。其中，体育文化节在所有能够体现体育文化的活动中，是最有节日气氛的，体育文化节秉承“健康”“快乐”“文明”的文化理念，将公平、公正、团结、友谊、进步、拼搏作为发展宗旨，将有关体育的文化、知识汇集一体，在文化节中举办各种游戏、比赛、活动，如征文、绘画、摄影、跑步、跳远等。体育文化节的快速发展，在社会上得到了越来越多人的关注和支持，体育文化节使得体育活动不再是枯燥趣味的锻炼，更多的是一种在业余生活中精神上的享受和一种愉快的生活体验，越来越多的人在这种充满激情的体育运动风潮中，受到感染，积极参与到体育锻炼中。在校园这块沃土中，学生通过充满活力、快乐、竞争、协作、创新的体育活动展示各自的才能，从而战胜自我、超越自我、完善自我。体育这种最流动活泼的校园文化形式，不仅激发了学生的爱校热情和进取精神，而且培养了学生自觉维护和遵守校纪、校规的良好行为习惯，对健全高尚人格的塑造起着非常重要的作用。

3. 体育是学生最喜爱的校园文化

体育运动是很有乐趣的，正是因为这种乐趣性，使得体育不仅是最显现、最流动活泼的校园文化，而且还是学生最喜爱的校园文化。第一，从本质上来说，体育运动的乐趣是竞争性，学生可以在体育运动中，通过人和人的竞争、人和物的竞争来体验战胜他人、战胜自我、克服困难实现自我的乐趣。其次，是“身体需要的满足”，它是消除了身体因运动不足产生的不适感而产生的快感，是充分的运动和大汗淋漓后的快感。再次，是“解惑快感”，它是由学生运动”。交往需求是个体最基本的一种需求形式，体育运动往往需要多人共同参与、相互配合，学生很容易借助这种形式体会到交往的快乐。正是因为体育具有上述四种独特的乐趣，因此，体育也就自然成为学生最喜爱的校园文化活动之一。

（四）社会家庭进行沟通

1. 身体和安全是学生家长最关心的事情

对于学生家长而言，最关心的事情莫过于学生的身体健康，这个道理是显而易见的。第一，身体健康对于任何一个人而言都是最重要的。因为健康是生命的象征，幸福的保证。作为世界卫生组织的总干事，马勒博士曾经将生活、事业与健康的辩证关系做了详细地阐述，他说：“健康并不代表一切，但失去了健康，便丧失了一切。”第二，学生正处于个体身体生长的快速发育期，身高、骨骼、肌肉、内脏器官在这一时期都在快速生长发育。因此，这一阶段的健康状况不仅会影响到学生当前的生活和学习，而且还会对学生的终身健康产生至关重要的影响。

在促进学生身体生长发育、维护健康的众多因素中，体育锻炼是最为关键和重要的一环。法国思想家伏尔泰曾有句名言——“生命在于运动”，我国也有许多有关的谚语，如“强身之道，锻炼为妙”，“常流的水不腐，常练的人健康”，等等。这都说明了体育锻炼对健康的重要作用。经常参加体育锻炼之所以能增进身体健康，“就在于身体锻炼的每一项动作都表现为肌肉动作，并增加骨骼、韧带的负荷量。由于肌肉工作量的增加，肌肉纤维将变得粗壮有力。随着肌肉工作量的加大，必然需要不断增加氧气和营养物质的供应量并加速代谢作用，从而使心脏机能达到更高水平，肺活量逐渐增大”。因此，学生在学校的体育锻炼情况也必然受到家长的强烈关注。

2. 体育文化从学校扩散到家庭和社会

学校是系统传承体育文明的重要场所，也是系统传承体育文明的唯一途径。然而，随着社会的发展，学校的文化传承功能也在不断拓展，并日益成为向家庭和社会宣传体育文化的桥梁。这主要表现在以下几个方面：首先，学校体育和社区体育的结合日趋紧密。在当前社区体育发展的过程中，学校体育凭借其在体育场地、器材、体育指导等方面的独特优势，对社区体育发挥着越来越重要的作用，如学校体育场馆定期向社区居民开放，不仅为居民锻炼提供了物质保障，而且还能够为居民锻炼提供科学的指导。其次，学校体育的活动形式和内容越来越多样化，在空间上，已不仅仅局限于校园，在人员参与上，也已不再仅仅局限于学生，如有些学校在举办体育文化节的过程中，组织学生走向社区，宣传体育文化。与之同时，诸如体育摄影、体育绘画、体育表演、体育游戏等活动内容也成为家长和学生共同参与体育的平台。最后，学校体育运动会已不再仅仅是学生的乐园，而是逐渐成为家庭体育的一种形式，如有些学校在运动项目设置上专门有亲子项目，有些学校在举办运动会或其他体育竞赛时，也会邀请家长参加。总之，学校体育在逐渐走出围墙，成为家庭、学校、社会体育一体化的重要环节。

3. 学校运动会逐渐成为社区的盛事

随着学校、家庭、社会体育一体化发展模式的建立，学校运动会的形式也发生了非常大的变化。过去，学校运动会只能称为少数学生的运动会，因为只有运动成绩好的学生才有一显身手的机会，而多数学生只能为之呐喊助威。与过去相比，现在的学校运动会更加注重全体学生的参与，运动会上每个人都有自己的参赛项目，同时学校还会向家长发出邀请，以为学生加油助威。近年来，为了进一步响应全民健身的号召，更好地调动学生进行体育锻炼的积极性，一些学校与社区联合，以学校中学生家庭为单位，举行别开生面的家庭运动会，比赛项目趣味十足，如300米接力赛、负重跑、跳远、跳绳累加赛、模拟保龄球赛、羽毛球掷准赛、乒乓球运输拉力赛、篮球投篮累加赛、自行车慢车赛、仰卧举腿累加赛等，学生与家长参与热情高涨。由此可见，目前学校运动会已经不再是少数学生或学校的盛事，而逐渐成为所在社区的盛事。

第三节　学校体育的目标

把学校体育的目标构架为一个整体体系，全方位、多层次的分析地对其进行分析，将社会、学校、学生在体育教育上的发展要求和实际情况全面展现出来。

一、学校体育目标的体系

学校体育是一个具有多层级的系统，在总体需要实现的目标下，按照具体的发展要求和工作特点，拆分为较小层级，逐步实现总目标。

（一）学校体育目标的概念和作用

从本质上讲，目标实质上是一种人们对某件事预期上的结果，人们在从事某件事时，为了满足或达到内心想要的结果或标准，即人们的目标，付出应有的努力。而学校体育在一段时期内的实践中想要满足预期的效果，即达到学校体育目标，需要付出更大的努力。学校体育在具体的实践过程中，将其指导思想具体化，即学校体育的目标。学校体育目标是党和政府开展具体的学校体育实践工作时应该有的出发点，也是对其实践工作进行效果评价的重要凭证。

在制定具体的学校体育目标时，最首要的工作是审核该目标的正确性，这是因为学校体育目标的制定事关学校发展两个方面的重要内容：（1）合理选择和应用帮助学校体育实践工作内容发展的方式方法和技术手段；（2）提高和巩固培养学校体育实践工作的相关人才，将其整体质量和规模进行大幅度提高。在对学校体育的实践工作进行改革时，首先要将眼光放在学校体育目标上，这是改革学校体育发展工作的最重要的前提条件。将学校体育目标进行的改革放在首位，具有十分重要的意义，对整体工作的开展进行指导、定位、激励，同时可以对各项改革工作进行实时准确的评价。

（二）学校体育目标的层次

作为一个具有较多层次结构的完整系统，学校体育目标可以按照不同的标准进行分类。

（1）按照系统结构，包括总体目标和子目标。

（2）按照时间长短，包括长期目标、中期目标、短期目标。

（3）按照学习阶段，包括学前教育目标、初等教育目标、中等教育目标、高等教育目标。

（4）按照目标性质，包括条件目标、过程目标、效果目标。

为了对学校体育的目标体系做出更清晰地理解，可以将上述分类方法进行综合运用。大体上，学校体育目标可以概括成两个阶层，即第一阶层是总体学校目标，第二阶层是性质层面上的学校目标。事实上，在性质目标的基础上，还可以对学校体育目标进行更加细致的划分。学校体育的过程目标包括以下几个方面体育教学、课外项目（体育锻炼、运动竞赛）、体育科研与管理等；学校体育的条件目标包括管理、师资、场地、器材、资料、文献等；学校体育的效果目标包括学生体质健康、学生能力发展、学生体育态度培养、体育人才、体育科研成等。将学校体育的总体目标和子目标的分类以图1-3-1做表示。

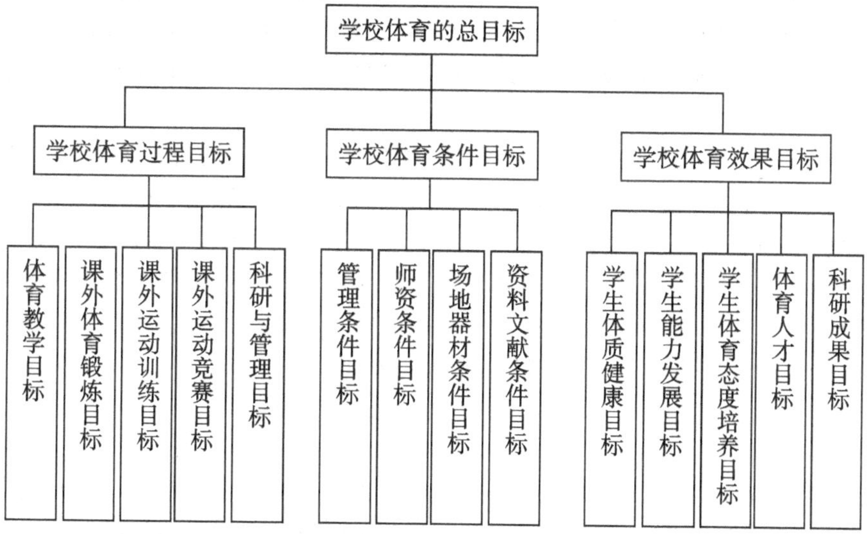

图1-3-1　学校体育目标体系结构示意图

（三）学校体育目标的理论依据

我国是根据其内部的固定属性制定学校体育发展的目标，在具体的制定过程中，要将学生、学校、社会的实际需要与发展要求都考虑在内，并且尽可能地满足所有实现所制定目标的基本条件。

1. 基本功能

学校体育的价值多在其功能上进行完整呈现，因此进行学校体育目标的制定时，需要对其所具备的具体价值、功能以及作用进行考察，是否可以通过以上学校体育目标的本质对其进行具体实现。可以说，学校体育目标的基本功能的实现是对其制定的基本出发点之一，只有从具体的、真正想要实现的学校体育目标应该具备的功能出发，才能将学校体育的实践目标制定的具有严密的可行性以及逻辑性，才能将学校体育具备的作用进行充分的发挥，才能从真正意义上实现所制定的学校体育的实践目标。

2. 发展特征

学校体育的实践发展目标从最初的制定，经过修改，在最后确定时，所依靠的关键是学校体育在发展过程中所体现出的具体特征。学生才是学校体育实践的主体，而学校体育在实践发展中，其首要目标是将学生培养成对社会、对国家有用的，身心都能健康发展的人才。而在发具体的学校体育目标的制定中，应该将现代社会对人才的“四发”要求尽可能地考虑进去，即发挥人的价值、发掘人的潜能、发展人的个性和发挥人的力量。

以往，在制定学校体育的实践发展目标时，多是站在社会和国家的发展角度，而学生很少被考虑进去。在广大人民群众的思想层面中，个人的发展应该始终保持在社会和国家的发展需要之后。但是，这种较为传统的思想观念已经落后于现代的教育理念。事实上，一个完整的社会发展并不影响个人的发展，只有个人向着更加全面的方向发展，社会才能以此为基础得到更好的发展，才能变得更加稳定和和谐。

3. 发展需要

为了切实反映社会和谐发展在学校体育教学中的实践需要，将社会发展对学校体育的具体要求归纳为两点：一是学校体育要在最短的时间内实现和促进学生个体的社会化，尽快使学生个体由生物人成长为社会人，并逐步适应社会生活；二是社会的发展对人才不断提出新的要求，学校体育的目标也必须不断主动地适应这种新的要求。

当前，我们正处于人类社会继工业经济时代后的一个全新的社会经济形态——知识经济时代，这个时代的典型特征就是人类生产活动的重心将由物质生产转向知识生产，知识的创新和进步将成为社会发展和影响人类生活的最重要因素。知识经济时代需要大量具有创新意识和创新能力的人才，学校体育必须尽最大可能来满足这一时代的需求。

中国共产党第十六次代表大会提出了全面建设小康社会的战略构想，这将成为我国今后若干年内社会发展的重要目标。提高公民的思想道德素质、科学文化素质和健康素质是全面建设小康社会的一个重要指标，学校体育的国标也必须与之相呼应。

（四）我国学校体育的目标

我国关于学校体育教学发展所制定的具体目标将其本质特征体现得淋漓尽致，并且将我国现代社会中对学校教育和学生本身的发展都巧妙地融合其中。我国的学校体育目标是根据我国目前学校教学的实际情况具体制定的，其可行性和科学性都较高。

（1）增强学生体质，增进学生健康。

（2）传授体育运动、卫生保健、健康生活的知识、运动技能和健身方法，使学生具有一定的体育文化素养。

（3）培养对体育的兴趣、习惯和能力，为终身体育奠定基础。

（4）促进学生个性全面发展，培养健全人格。

（5）发展学生的运动才能，提高学生的运动技术水平。

二、学校体育目标的组织形式和要求

（一）学校体育目标的组织形式

体育与健康活动和课余体育活动的相结合是全面贯彻实现学校体育教学目标的基本途径，同时也是开展学校体育实践工作的中心环节。只有将体育健康活动和课余活动进行有效充分地结合，相互补充，完善具体实现学校体育目标的实践方案，才能使得学校体育教学工作向着更好、更全面的方向开展。事实上，两种活动在实践进行的具体过程中，各有自己本身的教学特点，因此其发挥作用的方面也是各有侧重点，在实践工作中，不能一概而论。

1. 体育与健康课程

在学校实施的具体教学计划中，体育与健康课程是中小学生以及当代大学生必须学习的规定科目。体育与健康是学校体育设置课程的基本形式之一，通过体育与健康课程，学生可以在学校接受较为系统完整的体育锻炼。对于不同的学生有着不同的体育达标要求，这些进行衡量的标准是由国家相关教育部门针对每一个具体的教育阶段实际制定的教学指导纲要、教学大纲以及课程标准决定的。在教授学生进行体育锻炼的过程中，对体育相关课程的基本要求是：组织具有一定人数的班级作为授课单位，有专业的体育教师进行有关体育课程的讲解和演示，存在专门进行体育锻炼的场地和专业设备保障学生在课程中的身心安全。这些基本的体育与健康课程要求在确保学生进行专业体育锻炼、提高身体素质的同时，还能在很大程度上保护学生免受不规范练习或非专业设备的伤害。体育与健康课程是对学生进行考查的课程之一，在学生升学、毕业时发挥着重要作用，其考察时间通常在每个学期末尾，早于一般的文化课考试。

2. 课外体育活动

在正常的体育课程之外，所进行的一切体育活动都属于课外体育活动，在课堂之外可以进行的体育活动所包括的内容形式非常多，如课外体育锻炼（包括晨操、间操等）、课外运动训练（包括跑步、跳远）、课外运动竞赛、家庭体育活动等。对学校体育而言，课外体育活动是其十分重要的组成部分，通过课外体育活动，学生对体育锻炼的兴趣越来越浓厚，课余生活也越来越丰富。课外体育活动在学生发展为头脑和身体同时积极发展的方向上发挥了重要作用。

（二）学校体育目标的基本要求

1. 协同学校教育，面向全体学生

为了使学生在学校得到全方位教育，从身心锻炼到智力学识提升，都有较高的发展，学校中有有关体育的课程是必不可少的。将“五育”之间的关系进行充分协调，使其和谐，共同为教育学生服务，在学体育的教学上自己发挥其优势，共同完成为现代化建设培养全面发展人才的任务。

学校体育要面向全体学生，保证全体学生都享有体育的权利。要创造一切条件，组织和动员全体学生参加各种形式的体育活动，以满足学生的不同体育需要。对少数有生理缺陷或疾病的学生，要尽可能地安排他们进行适当的保健体育、医疗体育或矫正体育活动，以提高他们的健康水平。对部分有一定运动才能和天赋的学生，应从学校实际出发，在课余时间安排他们进行适当的运动训练，以提高他们的运动技术水平。

2. 课内与课外相结合

体育（与健康）课程和课外体育活动是学校体育工作这枚“硬币”的两面，二者相辅相成，有着必然的联系。一方面，体育（与健康）课程所传授的知识技能、方法等可以为课外体育活动的开展奠定一定的身体和运动技能基础，并提供理论与方法指导；另一方面，学生通过课外体育活动，可以进一步巩固在体育（与健康）课程中所学习的内容，而且随着学生运动能力的提高，学生对体育的兴趣将越来越浓厚，这些都将反过来对体育（与健康）课程的学习效果产生积极正面的影响。

总之，体育（与健康）课程和课外体育活动两者的关系如果处理得当，它们之间可以产生相互促进、相互加强、互为补充的积极作用。

3. 营造良好的学校体育环境

学校体育环境是个笼统的概念，它包括了学校体育进行活动时所需要的一切物质，具体到校园、校舍、大大小小的体育场、体育活动需要的器材，还有学校对本校体育教学所具体制定的一系列规章制度、学校体育的整体氛围和传统、师生之间的关系，等等。学校体育环境对于学校体育实现其教学目标有着非常重要的意义，是学校体育有机组成部分之一。学校体育的环境越好，越能鼓励和激发学生对体育的兴趣，使其积极参加体育活动，并且，身处良好的学校体育环境下，学生身体健康和心理健康都可以朝着更好的方向发展。

为了塑造优雅的学校体育环境，不单单只从其物质环境的改善做起，更重要的是培养优秀的学校体育的传统，打造良好学习风气，让学生在一种生机勃勃的体育活动的氛围中玩得开心，学得开心，在整体大环境的熏陶下，会将学校体育的教育效果发挥得淋漓尽致。

4. 加强体育师资队伍建设

学校体育的教学工作是由体育教师来实施的，可以说，体育教师的人数和教学质量对学校体育有着直接的影响，既关系到一所学校的体育教学是否能够成功，又印证了是否可以实现学校体育的教学目标，所以，体育师资力量的强大在很大程度上保证了学校体育的高质量教学。加快建设体育教师队伍，既要努力提高体育教师的专业素养和业务水准，狠抓体育师范教育专业质量，又要对教师的思想水平和自身修养加以严格培养，使得教师在教育改革的大趋势下，积极奉献自己的光和热，拥有优秀的师德师风。在教导学生时，体育教师应严格负起责任，将新现代下的教育观念和学科知识相结合，以便帮助学生树立正确的人格和价值观。

5. 加强学校体育科学研究和经验的总结

目前，我国的学校体育在发展中遇到急需解决的问题，不论是理论还是实践，都需要结合更加科学的方法用以处理，使得我国的学校体育可以保持可持续化。在一定程度上，这不仅决定了学校体育是否能够改革成功，也决定了我国的学校体育今后的发展方向，可以说，科学的指导方式对我国学校体育的社会实践有着重大的意义。

学校体育在进行实践工作时，要及时总结实践经验，经过加工提高到理论高度，继而再反过来用于更深层次的实践。还有一点值得注意，在学校体育教育发展过程中遇到的问题，尤其是一些较为重要的课题，需要将其提炼出来，加紧在科学研究上的进展，以期完善解决，并能够作为典型案例总结到实践经验中，保证我国的学校体育可以形成可持续发展的路线。

第二章　学校体育课程的目标与本质

本章的主要内容是学校体育课程的目标与本质，为了加深大家对本章内容的理解以及之后可以灵活地应用到实际操作中，下面我们将从学校体育课程的目标以及学校体育课程的本质这两个方面来进行逐步论述。

第一节　学校体育课程的目标

本节将围绕“学校体育课程的目标”来进行论述，为了使大家能够更好地理解本节的内容，下面我们将从体育课程目标、体育课目标的作用、现阶段我国的体育课程目标、我国体育课程标准简介、《课程标准》与《体育课程大纲》的区别这五个方面来进行逐步论述。

一、体育课程目标

体育课程目标一般是由课程指导纲要或国家的课程标准明确规定的。它是指学生通过体育学习与活动达到所要达到的预期学习结果。

二、体育课目标的作用

（1）为体育课程的编制提供参考和依据。

（2）为体育老师的教和学生的学提供参考。

综上所述，因为体育课程目标没有把学生个体的情况与班级学生的实际状况考虑进去，所以它对体育教学不起直接的指导作用，只有间接的指导作用。值得注意的是，体育课程目标更重要的是提出体育课程编制的规定和要求，对选择体育活动的方式和教学内容进行指导，而不仅仅是规定培养人才的标准。

三、现阶段我国的体育课程目标

通常情况下我们认为：基础教育相关方面的体育（与健康）的课程系列任务是面向所有学生的，是很高的比例数量的学生经由自身的奋斗都能够实现的。它决定着体育（与健康）课程相关的一系列的进程与方向，往往被认为是对体育（与健康）课程评估的非常重要的基础，对体育（与健康）课程的执行与发展有鼓舞和导向的作用。

这时候我国体育（与健康）课程任务能够确定的主要有以下几个方面的内容。

（一）提高体能，对基本的体育知识“了然于胸”

一般来看，体育课程的基本任务是提高体能。体能往往表示的是我们的身体方面在运动中各器官所展示出来的技能水平，它涵盖与健康有联系的体能和与运动有联系的体能。

与健康有联系的体能主要有以下几个方面的内容，它们分别是：心肺方面与耐力方面、柔韧性方面、肌肉的力量方面、肌肉的耐力方面、身体的成分等方面。

与运动有联系的体能主要有速度、力量、耐力、柔韧性、灵敏度等几个不同方面的内容。

对最简单的体育（与健康）知识和运动技能任务的了解，重点是能够让学生充分地理解体育/运动知识、更容易和有效率地让体育与运动的技能水平方面得到增进，把健身相关的一系列方法很好地熟悉，为终身有机会进行体育锻炼提供方法准备。

（二）培养运动爱好，养成坚持锻炼的习惯

一般来看，兴趣和爱好是激发和培养学生有机会进行体育方面活动与体育方面学习的初衷，其不仅具有非常高的价值，还能对学生行为产生内在的驱力。

如果有参加体育活动的一份初衷，学生就会自觉地、主动地进行体育锻炼和体育学习，所以把握学生的兴趣与爱好，注意学生的关注点，是使他们拥有体育锻炼习惯，并获得终身体育意识的关键所在。

（三）更好地拥有良好的心理品质，展示出人际交往的技能水平与合作精神

体育课程在完成基本的体能任务的基础上，需要关注其社会功能的挖

掘和心理、社会性任务的想法。社会越向前变化、这种想法往往就会越鲜明、越强烈、越有价值。体育活动一旦被人们认为是社会活动中的显著特点的一部分，体育活动就能帮助培养学生自己的良好心理品质、人际交往技能水平与合作精神，是提高学生社会化的一个机遇和过程。体育课程希望培养学生自身的良好的心理素质、人际交往技能水平与合作精神，这一任务的价值，将随着社会的变化而不断得到加强。

（四）提高对个人健康和群体健康的责任感，拥有健康的生活方式

这一任务关注学生不歪解运动与健康的关系，并使其懂得提高健康与预防疾病的重要性，使学生一方面关心个人的健康，另一方面也关心群体健康状态及其相关的体育活动，同时，在我国社会经济的高速变化的情况下，人民生活水平不断提高，人们将会更关心自己和他人的健康。体育是提高健康的一个有效措施和过程，将进一步发展成为小康社会中人们休闲生活的有价值内容。

（五）发扬体育精神，拥有积极进取、乐观开朗的生活态度

体育精神的核心就是体育活动中不畏艰难、勇于拼搏、敢于求胜、团结奋进等个性品质。体育可以说是教育的重要组成内容，它既可以说是教育的非常重要内容，又可以说是教育的非常重要的一个手段，体育作为育人的内容与相关措施，不但能够鼓舞和激发学生的体育方面的精神，还可以提高学生的体质，并促使其拥有积极进取、乐观开朗的生活态度。

另外，体育课程任务内容和表述也不是板上钉钉、不能进行任何改变的，这些任务将随着课程改革的深化而进一步地完善，也将随着社会希望和学生希望的变化而不断变化，随着教师和学生在体育课程方面不断的经验获得和积累，将创造或产生新的能够确定的的体育课程任务。

这种在课程变化过程中确立的课程任务，只要体现提高健康的思想，实现社会与学生的想法和希望，达到体育课程的作用，就能够变成体育课程任务的一部分。

四、《课程标准》和《体育教学大纲》的区别

《课程标准》是《体育教学大纲》在新时期的发展。《课程标准》和《体育教学大纲》在学科性质和功能上都是一致的，但两者也有所不同。

（一）两者的结构体系不同

《体育教学大纲》是以规定教学内容为主的、具体规定了各个年级，各个项目的教学内容和时数比例，便于教师操作，但给教师留有的创造空间较少。

《课程标准》是以目标体系为主的、以目标来统领内容，只规定学习的内容框架，对具体教学内容和时数比例不做规定，既给教师提出了更高的要求，又给教师留有充分余地和创造的空间，有利于教师从实际出发达到课程的要求。

（二）两者的分类方法不同

《体育教学大纲》是以运动项目进行分类的；《课程标准》是以五个学习领域进行分类的，拓宽了体育的学习领域。

第二节　学校体育课程的本质

在第一节我们了解了学校体育课程的目标，为了让大家对本章内容有更多的了解以及在实际操作中能更好的应用本章的内容，在本节我们将围绕“学校体育课程的本质”展开论述，为了使大家对本节的内容有更多了解，那么我们将从课程与体育课程、体育课程的本质、体育课程与体育教学、体育课程的学科基础这四个方面来进行逐步论述。

一、课程与体育课程

课程是一个使用广泛而又具有多重含义的术语。“课程”一词在我国唐代就已存在了，宋代朱熹说：“宽著期限，紧著课程。”其中的课程含有学习的范围和进程的意思。在现代汉语中“课程”的习惯用法，一般指学校里教学科目的总称或学生功课的进程，它的含义并不十分确定。从词源上来分析，课是考核的意思，即用语言检测的结果，是指按规定的内容和分量进行讲授的学习；而“程”的本意是个计量单位，是表示多少的，那么课程这一词就包含了学习的内容、多少及考核的结果。而在我国古代，课程往往被理解为功课及其进程，有的人将其理解为学程或教程。

在英文文献中，“课程”（curriculum）一词是从希腊文演变而来的，原意是跑马道（racecourse），引申为学业进程或教学进程。在英语中课程的含义很不确定。课程的定义反映了各家各派的课程观，同时也反映了人们对教育和学校、对教育和受教育者、对知识和社会的看法，且人们的各种观点是随时代的发展而发展变化的，这也会在他们各自的课程定义中打上某种印记。

（一）课程的概念

目前，关于课程的定义有课程是教学科目，课程是学习者的计划，课程是学习者在学校获得的全部经验，课程即研究领域，课程是社会文化的再生产等几种观点。虽然各种观点都不能对课程下一个比较准确的定义，但却可以从以下几个方面来把握课程的概念。

（1）通过有计划的活动调动学生进行体验、对科学文化进行理解和学习、对规范的技能主动掌握，从而对学生的全面发展起到一定的推动作用是课程的目的。

（2）课程的内容应包含间接的系统的科学文化知识、规范的技术以及学生通过亲身体验获得的直接经验。

（3）课程的内容应计划和经验。计划是课程实施的基础，经验是学生个性发展的前提。

（4）课程有静态的一面，也有动态一面，课程的内容包括学生在学习过程中的所积累的经验，而且这部分经验对丰富和发展间接经验有一定的帮助，通过过评价和系统的整理。

（5）课程是学校对完善的社会文化进行一定的改造，从而转换成能够与学生水平相符，容易被学生接受的内容。使学生对社会文化产生一定的适应性，对个体社会化有一定的促进作用。

目前关于课程概念的界定，国内外有多种定义，但将其分析综合后大致可以分为以下三种观点。

1. 课程即教学科目

将课程视为教学科目的观点历史悠久，欧洲中世纪的课程是“七艺”，即文法、修辞、辩证法、算术、几何、音乐、天文，我国古代的课程则是“六艺”，即礼、乐、射、御、书、数。以学科内容为样式的课程适应了古代教育从混乱无序走向井然有序的需要，所以这种课程观直到20世纪上半叶也无人质疑。这种课程观最大的特点是教师在学校向学生传授大量知识、以形成学生各自分门别类的学科知识体系；另外，其最大的缺陷在于这样的课程割裂了知识的整体，疏远了生动的生活，许多对学生有价值的知识得不到体现。忽视了学生的个性发展需求，故这种课程观是不符合现代教育课程改革发展需要的。

2. 课程即有计划的教学活动

这种课程观是从教育学的观点出发，把教学的范围、序列进程以及所有的教学计划部整合在一起，试图对课程提出一个全面的认识，课程是指一定学科有目的有计划的教学进程，这个进程有质和量的要求，它也泛指各级各类学校的某年级学生所应学习学科的总和及其进程和安排。这种课程观点是学校的一切教学活动都是有计划的，有书面和非书面的计划。在教学过程中，非书面计划的范围有时大于书面计划，但是把书面和非书面计划都包括在课程之内，课程的概念就显得过于宽泛了。

3. 课程即学习经验

这种课程观在国外是以杜威、在国内以陶行知为代表的。他们主张课程应是儿童在教学计划中所获得和拥有的全部经验。课程即学习经验，它有一定的说服力，它的包容量很大，可以使学科课程失去的及对学生有积极意义的知识或活动得到关注，然而，这种课程往往过多地重视学生个体经验的获得，忽视学科知识的系统学习，因而这种课程观也是不可取的。

由此可知，课程不仅仅是各种科目静态的集合，而应该包括动态的学习过程。课程不仅包括学科还包括活动课程也不只是教学内容，还有对内容的安排和实施。

课程应包括课程设计和课程实施两个有机的组成部分。课程设计包括课程编制的目的、原则、内容和方法，如何制定教学大纲和编写教科书课程实施是把课程计划付诸教育实践的过程，它是达到预期课程目标的基本途径。

课程理论的发展使人们对课程产生了不同的理解，但是，对于课程是静态的课程设计与动态的课程实施相结合却达成了人们的共识。由此，我们可以把课程理解为在学校指导下，以促进学生全面发展为目的，具有教育性的活动和经验。这种相互适应的结构化教育活动的方案及其实施过程就是课程。

（二）体育课程的概念

1. 体育课程是课程的下位概念，对体育课程概念的理解

（1）体育课程的内容应包括系统的运动知识、规范的运动技术的要求以及学生在体育实践中获得的经验。

（2）体育课程设计不应该僵化，而应该有计划、有目标。同时它的课程计划应不断地丰富和发展通过体育实践活动。

（3）体育课程设计的重点是让学生在体育活动中产生一定的体验。体育课程需要通过体育活动来使学生获得更多体验与经验。

（4）只有学校体育由体育文化向适应学生水平和发展的内容转变，才能让使学生对现有的体育文化更好地掌握。

2. 目前，对体育课程的定义

（1）体育课程是一门学科

在我国有学者指出体育课程是一门特殊的课程，它可以增强学生的体能，促进学生的身体健康。它与德、智、美、劳四门课并驾齐驱，共同为培养全面发展的人才做出应有的贡献。也有人认为体育课程的目的是为了更好地实现学校的教育目标，与德育课程、智育课程、美育课程一起发展，以增强学生体能、改善学生健康状况为中心的特别课程。这一界定对学生自身的体验与活动感受的关注不够。还有学者认为体育只是全面发展的某一方面的课程，并不是一门学科课程。

（2）体育课程是活动

在我国有学者认为体育课程是一种活动，因为它是多种体育活动的组合。①这一观点突出的是体育活动的计划性和组织性，依然没有足够的关注学生的体会。

我们大家都不否认的是，事物的含义是思维的基础的形式其中的一种，体现客观事物的一般事物本质的根本表现。对于体育课程含义的考察，这一基本原则和要求应该被遵守。而且体育课程正在不断发展和完善的过程中，发展的趋势越来越开放。

为了大家能够对体育课程有进一步的了解，下面我们将体育课程分为广义的和狭义两个方面进行具体的分析。

1. 广义的体育课程

任何事物都处于运动发展之中，这是马克思主义哲学的基本观念。毋庸置疑的是，以这个观念为基础，去看待体育课程，我们也可以认为体育课程也不是永恒不变的，它同样是处于不断的变化发展之中的，并因为时代的发展而变化。因此我们并不能给体育课程下一个广义的永恒的定义。

① 如于小霞指出体育课程是纳入学校教育计划的体育方面的有目的、有计划、有组织的活动。毛振明等人提出类似的看法，体育课程是在学校指导下，为了使学生能在身体、运动知识、运动技能、情感和社会方面和谐发展的有计划、有组织的活动。

然而马克思主义同样还告诉过我们，要以辩证的眼光去看待问题，那么我们也可以认为体育课的发展是相对和绝对的辩证统一，于是我们就可以给体育课下一个广义的定义。这里的相对指的是在当前我国课程进行改革深化的特定时期内给体育课程下一个广义的定义。在此之前，我们先对体育课程发展中出现的一些动向进行分析。

（1）从活动的地点来说，体育课程的环境是相对开放的，在校内、校外都可以。我国学校的体育器材比较缺少，这个活动地点比较有利于我国学校体育的发展。例如，有些学校在双休日的时候是对外开放的，家长和学生是可以进去锻炼的，此时学生可以把在学校学习的运动技能与家长分享。还有的学校主动与社区进行合作，对于社区的体育活动，学校积极组织学生参加。

（2）作为参与者，体育课程的参与者应该是社会各界的共同参与，例如，家长等。而不仅仅是老师和学生的事情。例如，一些学校由于健身器材和教师的缺少，主动与社区进行合作，请社区健身指导员来为学生讲解课堂外的健身知识。

（3）从体育课程的目标角度来分析，体育课程的目标的实现仅仅依靠学校教学是无法完成的，它是一门目标多样化的综合性课程。

2. 狭义的体育课程

以前我们对体育课程的定义都是从狭义的体育课程角度出发的。学校体育课程不仅包括课堂教学，还包括课外活动。换言之，学校的体育课程是在学校体育和体育教学两者之间。因此，我们可以将此称作狭义的体育课程，也就是学校体育课程。

从现代课程论的角度出发，体育课程的概念属于狭义的概念，它是学校体育的种概念，是体育教学的属概念。只是以计划或方案形式出现的体育课程如果出现问题是在课程的范围。而计划或方案开始实施，那么体育课程如果出现问题就属于教学的范围。对体育课程的概念等方面有了清晰的了解，对下面探讨体育课程的本质有一定的帮助。

二、体育课程的本质

（一）体育课程的形态与结构

众所周知，体育课程存在的形态就是体育课程的现象。增强对体育课程形态的了解，对我们了解认识体育课程本质的问题非常有帮助，这是对体育课程本质认识和探究讨论的基本的思维观和方法论。所有事物都是形式和内容的统一体，这个统一体有两个方面一形象与本质，这个就是现象与本质的对立统一。这是唯物辩证法的基本观点。因此，我们必须通过体育课程的现象去认识它的本质。

1. 体育课程的表现形式

多序列①和多层次②是我国体育课程的表现形式，这是现代课程论的基本观点。如今我国学校体育课程的表现形式没有确定内容和范围，也没有各课程内容的比例关系的度，只有体育课程标准和体育教材两个层次。

然而，从课程论的基本观点来说，每个教育层次的体育课都是通过三个方面来实现：教学计划（体育课程计划）、教学大纲（课程标准）以及教材形式。这三个方面无论缺少哪个都是不可行的。这体现了体育课程的系统性与整体性。如果哪一方面被忽略，就相当于体育课程研究和设计的完整性被忽略。

2. 体育课程的结构

众所周知，体育课程结构是指体育课程内部各要素、各成分、各部分之间合乎规律的组织形式。把体育课程分为学科课程③和活动课程④是目前的普遍观点，两者的不同点是课程实施的途径、方法和要求，从本质上来说没有什么不同。原因是体育课程在一些特点和要求上的不同，例如，教育目标、组织形式以及体育课程实施的方法和途径等。目前我国学校体育显性课程的基本结构是由体育活动课程和学科课程构成，两者密切关联，缺一不可。

---

① 有序列的体育学科课程内容和一系到的活动课程内容。这些课程内容包括田径、球类、体操、武术、游泳、游戏等相关的理论课程内容，如体育基础理论和体育卫生保健等内容，这些都是体育课程的内在表现形式，也就是学校体育课程教育的基本内涵。

② 我国的小学、中学和大学的体育课程计划、体育课程标准和体育教材等，它们实属体育课程内涵的载体，是体育课程的外在表现形式，也是体育课程的科学规范和设计的具体化表现式。

③ 主要采用课堂授课的方法和途径，目标要求是向学生系统地传授体育课程教育的成果，并通过科学的实施，使学生在全面接受体育文化教育时，身心得到系统锻炼，使学生在体质、健康、体育素质和能力方面受到体育课程的系统教育活动。

④ 主要以松散的组织和自由活动的方法和途径进行实施的，目标要求是发展学生的体育实践能力，主要是提高学生把学科课程中学到的理论和方法运用于实践的能力，满足学生在体育健身、娱乐和其他比赛活动过程中的身心体验。

除此之外，一些隐性课程的存在也是不容忽视的。此类课程在现代课程论中属于非正式课程，一般用要求的形式提出在课程设计或者制订课程计划的时候，同时会制订相关的课程目标。虽然它没有详细的课程计划，但它某种条件下，在一定程度上会对正式体育课程的教育功能产生一定的影响，而且它是体育课程的组成部分之一，在正式的体育课程之中是客观存在的。我国现行的学校体育课程的整体结构包括体育学科课程、活动课程和隐性课程，它的整体教育功能在不断发挥。

（二）体育课程的特点

体育课程是学校体育课程的一个有机组成部分。体育课程不仅与一般的科学文化知识课程比较有鲜明的特点，而且与以获得优异运动成绩为目标的运动过程比较也有明显的区别。

1. 技能性—身体练习

经过长时间的研究与探索，我们发现体育课程具有技能性的特点。体育课主要是通过一定的身体练习来达到增强学生身体素质的目的，从而更好地实现课程目标。因此，它反映了体育课程技能性—身体练习的特点。

2. 人文性—个体的社会适应性

需要我们注意的是，体育课程具有一定的人文性，对个体的社会适应性非常有帮助。体育课程有利于改善学生的生活质量，增强学生的身体素质，改善学生的健康状况，让学生能对生活和生命的美好感悟更深，为学生的未来生活奠定了一定的基础。随着社会和经济的快速发展，人们在追求物质生活的同时，也越来越注重身体的健康状况。体育锻炼是使人健康的最好方式，于是对体育的需求也在不断增加。因此，它体现了体育课程的人文性—个体的社会适应性。

3. 情意性—非智力因素的发展

情意性是指通过对课程的体验把人的主观世界进行改造。人的主观世界是在一连串的情感与意志矛盾[①]中逐渐上升的，通过许许多多的活动的体验。这对于人的成长以及个性的发展等方面有很大的影响。不论是对体育

① 包含理想与现实、理性与情感、成功与失败、幸福与痛苦、兴奋与沮丧等过程。

概念进行理论学习，还是对体育技能进行实践，都属于体育的认知过程。然而体育课程不仅仅只是认知活动，还包括人的情意的发展等方面的内容，特别是培养人的意志力方面，是其他课程无法完成的。因此，它体现了体育课程的情意性—非智力因素的发展。

4. 综合性—适应了素质教育的发展

经过长时间的研究和探索，我们发现体育课程具有鲜明的综合性，他不仅包括运动技能等实践方面的内容，还包括健康、环境等理论方面的内容，适应了素质教育的发展，体现了现代社会对人才综合素质的要求。

（三）课程的类型

体育课类型是指体育课程的组织方式或设计体育课程表的种类。由于课程工作者的课程观不同，学校的具体情况不同，因而所设计的体育课程类型也会有所不同。

1. 学科课程与活动课程

将传统的体育知识与已被世界公认的体育运动进行结合，在此基础上，从学校体育的目标出发，在体育的专业领域内以某一特定内容的主要教学方向，再以严密的逻辑性构建系统结构，如此组织起来的体系课程被称为学科课程。作为时间较为长久、应用较为广泛的一类课程表类型，学科课程可以系统地教授学生相关的体育知识，并帮助学生获得较为强劲的运动技能，使其身体素质得到极大的发展。学科课程将自古时就传承下来的体育文化遗产进一步发扬，使得在现代的学校教育中，拥有较高的教学效率。但是学科课程过于重视理论知识，忽视实践体验，这样很容易导致学生在现实生活中运用这些学科知识时看不到当前的实际情况，仅凭着自我的经验行事。

与学科课程不同，活动课程的出发点是学生本身对体育活动的兴趣，可以说，只有学生对体育活动有需求，并且具备实现的能力，才存在活动课程开展的意义。活动课程的主体是学生，相对于理论知识，活动课程更加重视学生的创造力和实践能力。学校教育希望通过活动课程使学生进一步认识到体育活动具有的内在价值，收获更多的有关体育实践的真实感受，与此同时，丰富学生的精神世界和人身价值观的内涵。

以上有关体育教学的两种类型的基本课程，彼此之间各有各自存在的意义和价值，其各自具有的特征是一种互补的关系。可以说，没有谁能够代替谁，只有充分结合学科课程和活动课程，发挥出各自的优势，相互弥补各自的不足，才能将学校体育教学进行有效实践，才能更好地实现学校体育的目标。

2. 必修课程与选修课程

现代学校的教学课程丰富多样，为了使学生从身体到头脑再到心理都能够得到全方位的发展，国家或地方的学校都将课程分为必修课程和选修课程，使学生相对自由地进行选择。必修课程是学生在校期间必须进行学习的课程，通过对必修课程的研习，可以培养学生应该具备的基本素质，为将来的发展奠定良好的基础；选修课程是学生可以根据自己的喜好或思考进行自由选择的课程，选修课程一般都是对学生的兴趣爱好或未来发展需要作进一步深化的课程，通过学生所选择的选修课程可以对学生的个人性格特点做出基本判断。

在一个完整的基本学生生涯中，必修课程满足了学生的基本发展需要，而选修课程满足了学生的个性化发展。在现代高中或大学的教育中，选修课制度已经向着俱乐部式发展，按照其课程性质进行划分，包括限定选修和任意选修。

在当前学校教育计划中，学生在学校接受知识的途径基本上全都来自学校所设置的各种课程，即必修课程所包括的各个科目以及选修课程所包括的各个科目。可以说，不管是必修课程还是选修课程，其存在都是具有自己独特价值的，彼此之间既不能相互替代，也不能进行优劣比较。必修课程和选修课程都满足了学校教育的内在价值观，是学校总体教育目标的统一体现。

3. 国家课程、地方课程和校本课程

这三种类型的划分是从课程设计、开发和管理的主体这三个方面进行的。

国家课程①具体的表现形式是以不同教育阶段的性质与培养目标为根据，对教学大纲进行修订，对教科书、体育教师的用书进行编写。它对一个国家基础教育中体育教育的质量有决定性的作用，它具有一定的权威性和强迫性。

地方课程②在一些方面对地方有重要作用，例如，把地方教育资源进行

① 是国家、教育行政部门专门组织编制和审定的统一课程，它是国家专门为未来公民接受基础体育教育之后所要牵动的共同素质而开发的课程。

② 是在国家规定的各个教育阶段的课程计划内，由省一级的教育行政部门或其授权的教育部门依据当地的政治、经济、文化、民族等发展需要而开发的课程。

充分利用、对基础教育的地域特点能够明显体现、对课程的地方适应性方面能够增强。

校本课程①是课程计划中必不可少的组成部分，它可以使学生在国家课程和地方课程中得不到满足的那部分发展的需求得到更好的满足。

由国家制订的国家课程，主要反映的是国家的教育意志；地方课程主要是满足地方社会发展的需要，是由地方制订。校本课程主要是展示学位的办学宗旨和特色，是由学校制订。

国家、地方和学校三级主体的关系是相辅相成、互补的关系。在实行国家课程的同时，要保证一定的地方课程与校本课程的存在比例。而在实施地方课程与校本课程的学校，一定要保证国家课程的首要地位。

4. 显性课程与隐性课程

隐性课程②与显性课程③两者在性质、特点等方面是不同的。隐性课程对学生的影响是潜移默化的，主要通过学校的教育环境和感染性机制来对学生的三观产生隐性的影响。

隐性课程与显性课程之间相互渗透、相互联系、相互促进、密不可分。

然而课程类型的划分方法还有很多，例如，核心课程、外围课程等。体育课程类型的多样性为培养学生的社会适应能力提供了有利条件，对学生身心健康的发展非常有利，是全面实现体育课程价值的重要途径。

三、体育课程与体育教学

（一）教学的概念

教学的概念是从教学现象和教学实践中抽象概括出来的，教学的内涵也随着历史的发展而发展。因此对教学这一概念的界定也不是一成不变

① 是在具体实施国家课程和地方课程的前提，主要是由本校或校际之间的体育老师（也有校长、学生和学生家长代表参与）通过对本校学生的需求进行科学评估，充分利用当地社区和学校的课程资源，根据学校的办学思想而编制、实施和评价的课程。

② 在学校范围内，按照教育目的和学校体育目标，以间接的、内隐的方式呈现的，经过规范设计的体育教育内容的总和。

③ 是以直接的、明显的方式呈现的体育课程，是学校教育中有计划、有组织地实施的正式课程或官方课程。这类课程主要是向学生传授看得见、摸得着的体育知识、技术和技能。目前，体育显性课程大多以学科课程的形式存在。

的。教学是教与学相结合或统一的活动，是教师的教与学生的学的双边活动。教学是学校培养人才的基本途径是学校的中心工作；学校应以教学为主。广义的教学，指不分时间、地点、场合的传授经验的活动。狭义的教学，是指在学校教育活动中，以教师传授知识、技能和学生获得知识、技能为基础，教师的教和学生的学相互联系，相互作用的统一活动。

教学是教育科学中的基本概念，是研究任何教学理论与实践问题必须首先回答的问题。关于教学的概念主要有以下几种解释。

（1）《中国大百科全书教育》指出教学是教师的教和学生的学的共同活动。学生在教师有目的、有计划的指导下，积极主动地掌握系统的文化学知识、基础知识和基本技能、发展能力、增强体质，并形成一定的思想品德。

（2）顾明远指出教学是以课程内容为中介的师生双方教和学的共同活动。教与学是一种双边活动，是在1920年将两者结合在一起的。之前教与学是分离的，从商朝的甲骨文当中可知教学是分离的，后来知道教是从学中分离出来的。《学记》中发展为教学相长。

“教学”一词在英文中有很多词可以表达。在英语世界与教学相对应的词有 teach、learn、Instruct 以 及 teach and learn、Teaching、Instruction 等。根据胡森主编的《国际教育百科全书》中的解释，learn来自中世纪英语中lernen一词，意思是学和教。teach是教的意思，就是通过信号或符号引起别人对事物、人物、观察和研究的结果等做出反应，同进行教学的中介有关。Teach和instruct二词也有区别，teach作为一种活动，常与教师的行为有联系；而instruct常常与教学情境有关系，它强调教学过程。正因为如此，经常有人认为，不能仅用teach一个词来对应教学，而应该用teach and learn，以同时强调教师的教和学生的学。

（二）体育教学的概念

现代教学论的基本观点认为，体育教学是指按照体育课程计划和课程目标要求，以特定的体育教学目标为依据，以一定的体育课程内容为中介，师生双方以课堂为主渠道相互交往，以身体活动为主要特征，教与学和谐统一的身体教育活动过程，它是对体育课程特定内容进行具体实施的过程。在这一过程中，通过教师的积极组织和引导，让学生系统地掌握一定的体育文化知识、技术、技能、理论与方法，通过身体活动与锻炼，来促进学生的身体健康发育，培养学生的体育兴趣、意识、精神和体能等。它是实现和达到育课程目的和目标的主要途径，具有实践性、规范性、可操作性和灵活性的特点。

（三）体育课程与体育教学的关系

1. 体育课程设计与教学在性质上的关系

体育课程设计与体育教学虽两者关系密切，但是两者在性质上是不同的。

从性质上看，体育课程的设计具有规范性和指导性。体育课程设计相当于国家的行政部门，有决策的作用。它决定着体育教学的计划和蓝图。怎样贯彻国家的教育方针、政策等是体育课程设计过程中必须考虑的问题。我国学校的体育课程要把国家的教育方针、学校体育的目的和任务等通过一定的方式（例如，教科书、课程计划等）体现出来。

从体育教学的性质来说，体育教学设计有一定的灵活性和可操作性。体育教学是学校和老师以体育课程计划、目标要求以及教育主体的需要和教材特点为基础，由学校和老师设计并组织进行的一种具体的传授知识的活动。它是通过教学活动的过程把体育的价值、课程目标和要求进行具体的体现和落实，把特定的教学目标完成。因此，体育教学设计的特点一般会具有浓厚的地域性等。

2. 体育课程设计与体育教学在功能之间的关系

体育课程设计是为体育教学和课外的体育活动提供总体的方案。它是连接社会、教育和学校体育的需要与体育教学实践之间的桥梁。因此，我国的学校体育教程一定要把一些国家与学校的相关要求反映出来。例如，“全民健身计划”的目标要求。它起到了一定的约束作用，从整体上对体育教学提出相应的标准和要求。体育的教学设计功能是以教学对象的需求为根本，为解决怎样把课程的目的、内容等方面具体落实提供解决方案。它为教师提供有效的教学方法，为学生提供有效的学习方案。

国外学者对课程与教学的关系也作过精辟的论述。如美国学者塞勒认为，课程是一幢建筑物的设计图纸，教学则是具体的施工课程是一场球赛的方案，教学则是球赛具体的过程课程可以被认为是一个乐谱，教学则是作品的演奏。同一个乐谱，不同的指挥和乐队演奏的效果不同。体育课程的实施即体育教学也是如此，同一门体育课程，不同的教师教学的效果不同，有的教师的教学方法和手段灵活多样，趣味性强，效果好，学生非常欢迎，教学质量高。有的教师的教学方法简单，枯燥无味，教学水平低，质量差。这样就反映出了体育课程在实施过程中的客观差异性。

3. 体育课程和教学的本质关系

用现代课程论的基本观点，针对目前我国体育课程的表现形式和本质功能特点，说明体育课程的本质[①]与体育教学的本质的关系。

体育课程的本质与体育教学的本质[②]两者缺一不可、密不可分、相互联系、相互作用。体育课程的本质是从整体上对学生产生潜移默化的作用。而体育教学的本质是经过主观努力，通过一定的行为方式，对自身所产生的具体的实际作用。

4. 体育隐性课程与教学的关系

隐性课程是一把“双刃剑”，既有正向功能，又有负向功能。要想将体育课程的整体的教育功能发挥出来，只有将体育隐性课程与教学相结合，形成相互渗透、相互促进的关系。这就是隐性课程的正向功能。那么隐性课程的负向功能是什么呢？学生的思想、认识和情感等易受外部因素的影响，此时也就产生了隐性课程的负向功能。体育隐性功能渗透在日常生活中的方方面面，例如，班级气氛、家庭环境中的文化价值等，这些问题都是最近几年被体育教学界广泛关注的问题，它们既属于社会心理学和教育心理学研究的范畴，也是体育领域在课程和课堂教学研究的新课题。体育隐性课程在课程编制中并没有具体的内容，只存在于课程计划和课程标准的要求中（例如，思想、行为等方面的要求）[③]。原因是虽然它也属于课程，但它属于非正式课程的范畴。

在现代教学中，对隐性课程的因素如何进行有效的正确的引导，从而增大它的正向功能，降低和去除它的负向功能是现代每一位体育教师所面临的难题。体育教学是对课程具体实施的实践活动过程。在这过程中，教师通过科学有效的方法和手段来指导、启迪、教导和培育学生，把隐性课程因素的正向功能积极地挖掘和增大，把体育教学效率、质量和水平提

① 是向学生传承人类优秀的体育文化。体育课程的各成分、内容和要素，在符合体育教学规律和原则的前提下，通过科学的实施，积极促进学生身心健康发育、体育综合素质和能力的全面发展和提高所产生的作用。

② 从现行的体育教学形态特征和功能特点出发，经研究认为，体育教学的本质是指体育教学内容要素经过科学的优化组合，在符合教学规律和教学原则要求下，通过师生双方互动的教与学活动过程，学生获得一定体育文化知识、技术技能方法和原理，为促进学生的体质健康，形成一定的体育思想、行为和意识等方面产生的特定作用。并达到特定的、明确的、具体的体育教学目标。

③ 这种要求在特定的、具体的体育教学中被列为一定的教学目标，结合具体的教学对象特点和教学过程，使学生在社会人文素质诸方面逐渐提高到一个新的水平。

高。根据隐性课程的基本要求以及特定的教材、学生和教学环境等特点。有利于把学生对体育价值观的认识水准、不同课程内容的兴趣程度、认识程度、身心的投入程度、身心的体验程度提高等；培养学生的合作意识和精神、互帮互学的行为品质等有很大帮助。积极主动学习和锻炼的思想行为意识、面对成功与失败有正确的心态，养成良好的心理品质；把学生的健康意识增强、把自身健康与民族和国家利益的辩证关系提高。实现这些功能，只有将具体的教学实践过程与具体的教学内容融合在一起。

在体育教学过程中，学生难免会出现抵触情绪或软反抗的行为，例如在某些隐性课程因素与教学目标不一致的时候。此时教师应该帮助他们消除心理障碍，及时对他们进行开导，把他们的思想和情绪稳定下来，让他们尽快投入到学习中。在现代体育教学的过程中，隐性课程的因素与体育教学目标一样时，学生对体育教学内容感兴趣、主动参与意识强，身心的投入程度就很高。与之相反，就很低。这是隐性课程理论的基本观点。通过体育教学的实践也证明，体育教学的氛围好，隐性课程的因素对体育课程的诸多方面有很好的促进作用，例如，提高体育课堂教学的质量和效率等。因此，在现代体育教学中，只有把隐性课程因素进行积极的应用，才能把体育教学的自然和社会双重性教育的目的达到，才能更好地把素质教育和创新教育目标贯彻落实，才能把体育教学的综合教育功能充分发挥出来。

5. 体育课程设计与教学工作的关系

体育课程设计给教学提供了具体的方案，而体育教学工作是怎样去具体实践的行为方式。两者是缺一不可的。在一般情况下，总体方案是已经确定的体育课程，它指导着学校的各种相关工作。例如，各类课程内容的教学活动计划等。原因是此时的体育教学是以体育课程范围为基础，在进行具体的实践活动。从教师的教学工作角度来说，必须以课程标准（俗称教学大纲）为依据在确定相关内容时，例如，单元目标、教学进度等。教师所选的教学内容，也必须是课程范围之内的，不得进行随意的调整，而且会以课程标准为依据，对学生进行考核与评价。

四、体育课程的学科基础

众所周知，影响和制约体育课程目标、内容、实质和评价的基本领域是体育课程的学科基础。其中包括生理学、心理学、教育学、社会学等基本学科，这些基本学科为体育课程的理论与实践提供了重要的理论支撑。

实际上，每一个体育课程与教学理论在体育教学第一线的工作者或体育教师，无论你持有什么观点或者你必须意识到你是在某种程度上，使用概念的生理学、心理学、教育学、社会学的观点和方法，丰富体育课程观等，来为自己的课程与教学理论研究的物理教育教学实践提供指导与帮助。

（一）体育课程的生理学基础

生理学固定的制约着体育课程的目标、内容、方法等。

1. 体育活动受人体的生理结构与功能的制约与影响

体育锻炼的过程是一个复杂的过程，身体运动的一些方面会受到人体结构和功能的限制，例如，运动的内容、运动的负荷、运动的方式等。因此，在开展体育活动时，我们应把人类身心发展的阶段性和差异性进行充分的考虑，并遵循人体解剖学和生理学的规则。在参加体育活动时，我们应该遵循人体的工作能力的发展和变化规律。

2. 体育活动遵循人体机能适应性规律

根据生理代谢规律，提出了人体功能适应机制。人体运动时，身体会产生一系列的变化，机体对这些变化需要反应和适应的过程，这种变化是有规则的，即当身体承受一定的运动负荷的时候，就会加强体内的异化，能量储备减少。当身体经过一定时间的休息和调整，就会加强体内的同化，能量储备增加;当进一步的调整和休息时，身体的能量超过之前的水平。以上三个阶段可分为工作阶段、相对恢复阶段和超额恢复阶段。该阶段的特点为体育课如何安排实践和有效提高身体功能水平提供了理论依据。

3. 体育活动遵循人体生理机能活动能力变化规律

在体育活动过程中，人的身体和心灵是同时参与活动的。人体的生理功能是有一定的规律性的，在反复的练习与休息交替的过程之中。在运动过程中，人体功能的变化是慢慢进入人的工作状态的，再慢慢上升到一定的高度，然后逐渐减少。在体育课上，划分体育教育结构的生理根据就是遵循这个规律的。

（二）体育课程的心理学基础

事实上，体育课程的心理学基础也是非常重要的。因为心理学支撑着体育课程理论目标体系的确立，动机的激发，内容的选择，方法的应用。

1. 不同年龄阶段的身心特点对体育学习内容与效果有直接的影响

不同年龄的学生有不同的生理和心理特征。因此，有必要选择适当的体育训练内容、组织形式和方法，以确保体育运动的科学性，让体育锻炼的效果更加显著。对不同年龄学生的生理和心理特征进行心理研究，奠定了体育课程内容的选择和教学过程实施的基础。

2. 运动技能的学习活动和效果与学习者的动机密切相关

学习动机是学习活动的前提和基础，只有强烈的学习动机，积极开展体育学习活动，才能获得良好的学习效果。良好的学习效果，进而影响学习动机和新的体育学习。心理学为体育教学过程中遇到的一些问题提供了理论依据，例如，如何激发学生的学习动机、激发学生学习的积极性等。

3. 体育活动对良好个性的形成产生积极的影响

体育活动不仅在促进学生体质发展方面发挥着重要作用，而且对学生的个性形成也有重要影响。在体育活动中，学生是活动的主要部分，通过学生之间的人际互动频繁而广泛的交往，能够充分张扬个性。体育活动是可以陪伴人很长时间的活动，可以使人的个性化稳定和长久。体育活动有很强的可选性，每个人都能找到合适的角色，更好地进行自我的个性塑造。

4. 身体健康与心理健康密不可分、相互作用、相互影响

身体健康与心理健康对我们来说是非常重要的。人只有在身体、心理等各方面都处于比较好的情况下才能算得上健康。身体健康对心理健康有很大的影响，身体健康是心理健康的前提条件，而心理健康又反作用于身体健康。只有心理健康了，身体才能达到真正的健康。

（三）体育课程的教育学基础

体育课程是教育课程的组成部分之一，教育学的一些理解和论述对学校体育课程发展的方向会产生一定的影响。

1. 体育课程是全面发展教育的重要组成部分，也是国民教育的构成要素

体育课程在素质教育中占有重要地位。怎样使学生的身心健康发展是学校教育的重要任务之一。体育不能脱离教育而单独存在并发展，那样

是特别有害的。若想真正实现体育的价值，只有德智美统一发展，相互促进，相互渗透。

2. 体育课程全方位适应教育改革的步伐，呈现出全新的气象

体育课程是教育改革的重要内容，在素质教育的背景下，体育课程也正在发生着深刻的变革。

（1）体育课程由学科中心论转变为素质教育。在体育课程中，应该以学生为中心，发挥学生的主体作用。把学生的学习结构作为重要的关注点，只有这样，才能促进学生身心的健康发展。

（2）使国民素质得到整体提高是体育课程的目标，使学生拥有创新能力的和实践能力，因性施教，使学生的个性得到充分的发展，从而为国家的发展做出应有的贡献。

（3）从客观上来说，健康第一理念对之前的单纯生物观的体育教学产生了一定的影响。相比较学校体育来说，体育的人体自然规律和人文社会规律的统一更加全面、具体。

（4）在素质教育的大背景下，体育教师应该充当引路人、引领者的作用，应该作为课程的设计者，而不再是充当控制与支配的课程执行者的作用。

（四）体育课程的社会学基础

体育课程的改革与发展一定要与社会发展的需要相符。原因是体育课程是社会文化的重要内容之一，社会上的各种因素都有可能对它产生一定的影响和限制。

1. 体育课程与社会的政治经济状况存在着密切的联系

我们都知道的是，体育课程的发展与社会的政治经济状况密不可分、相互作用、相互影响。社会的政治经济情况对体育课程的许多方面产生了影响，例如，价值取向、内容等。如今，我国的体育课程改革正进行的热火朝天。为了使改革的性质与方向更加明确，体育与健康的课程方案设计的更加合理，确保体育与健康课程的改革方向是正确的，只有让所设计的课程改革方案满足我国政治经济制度的需求。

2. 体育课程可有效地促进个体社会化

体育课程对个体社会化有很好的促进作用。原因是一方面体育对人的生活和工作有积极的促进作用。而且体育的一些规则对人的行为产生约束

的作用，使个体能够遵守社会的规章制度和法律法规。另一方面，体育运动自身就是团体性特别强的社会的缩影，在运动中个体会扮演各种角色，为日后进入社会奠定了坚实的基础。

3. 体育课程的思想与一定的社会背景相联系

随着知识型经济时代的到来，“终身教育”思想的发展和人类对健康的重视，人类生活质量和生命质量的提高已经越来越受到人们的关注，同时也已经成为体育课程改革的纲要。当代社会需要对学生的身心健康和社会适应力的重视，因此，体育课程里面需要包含这些内容。

（五）体育课程的哲学基础

事实上，体育课程有着一定的哲学基础。然而科学人文主义就是体育课程理论的重要组成部分。体育课程应当涵盖更多的人文关怀的内容，目前，人文关怀的内容已经在体育课程的理念和目标方向上有所体现。

科学人文主义是体育课程与教学论学科发展的重要保证。科学涵盖自然科学和社会科学两方面的内容。而这里的人文是人文学科。[①]体育课程的科学基础[②]和人文精神[③]为体育课程的改革做出了重要贡献。

① 以文、史、哲、艺术为基础的人文学科。

② 科学基础是和人体发展相关的生物力学、生物化学、生理学、运动医学。

③ 人文精神是指以文、史、哲、艺术为精髓的对价值的判断。

第三章　体育教学与教学设计

本章主要论述体育教学与教学设计，其内容包括体育教学的基本知识、体育教学设计。下面我们将进行具体论述。

第一节　体育教学的基本知识

本节将主要是围绕体育教学的基本知识展开，其内容包括体育教学过程概述、体育教学过程的主要特点。接下来我们将进行具体论述。

一、体育教学过程概述

为了便于大家对体育教学过程的了解，下面我们将从体育教学过程的概念及其含义、体育教学过程的基本要素、体育教学过程的基本阶段这三个方面进行具体论述。

（一）体育教学过程的概念及其含义

1. 体育教学过程的概念

体育教学过程是指在体育教学中为达成一定的体育教学目标，体育教师与学生等组成要素相互作用而展开的教学活动的过程。体育教学过程在时间上表现为体育教学活动的流程或程序，在空间上表现为体育教学活动的组成要素与活动结构。

2. 体育教学过程的含义

简单地说，教学只是老师传授知识和学生接受知识的过程。事实上，体育教学主要是老师和学生在很多方面（例如，知、情、意、行等）相互交流、相互作用的过程，而不只是学生主动发展自身内在潜力的过程。体育教学过程是老师的教与学生的学相互统一的过程。

（1）教和学的活动相互统一、密不可分。

（2）事实上，体育教学的过程是一个系统运行的动态的过程。以下两点是体育教学过程的动态性的主要表现。

①组成体育教学系统的要素的运动过程是不断变化且有一定规律的，它们之间是相互作用、相互联系的。

②体育教学过程始终围绕着学生的身体活动，教学过程的主要内容是运动实践，从而更好地促进学生身心的健康发展。

（3）由于体育教学过程是学生在教师的指导下进行体育学习的活动过程。因此，体育教学过程是老师和学生之间用身体练习作为重要媒介的交往实践活动。学生的主要活动有很多，例如，认知思维活动、情感意志活动（情意活动）等。

（二）体育教学过程的基本要素

从系统论的观点看，我们可以把体育教学过程当作一个整体系统来考察，体育教学系统是体育教学过程中的必要因素，是一个多层次和多要素的复杂系统。

1. 体育教学系统的构成性要素

体育教学的活动逻辑是体育教学活动的开展和进行的逻辑历程，是学生从小学到大学的总的体育教育过程，是一个多层次的活动系统。

体育教学过程是一个贯穿多层次的系统，是由不同体育教学目标共同组成的教学系统，有初等、中等和高等几个教育阶段组成，不同的教育阶段的任务目标也不一样，在总教育过程中，是通过阶段性体现出教育目标的。

初等教育水平主要是一、二、三，即是一般的小学教育水平；初等教育水平主要是四，是初中的教育水平；高等教育水平主要是六，是高中的教育水平。这个过程体现的就是体育教学过程

在每个阶段的体育教学以一学年或者是一学期为小阶段，进行体育教学。在往下细分就是每阶段的单体育教学和每节课的体育教学过程。

上述的体育教学过程的每一个阶段都是体育教学要素的重要阶段，正是这些重要阶段构成了完整、统一的体育教学过程。

通过对体育教学过程的要素整合和分析及构成要素的主要原因的归纳，有以下几种不同的观点和看法。

三个基本要素，即体育老师、学生和体育教材的使用，是构成体育教

学系统的三个基本要素；四个基本要素，即体育老师、学生、体育教学手段和体育教学内容是构成体育教学系统的四个基本要素；五个基本要素，即体育老师、学生、体育教学方法、体育教学物质和体育教材是构成体育教学系统的五个基本要素。

综上所述，体育教学活动的主体是人，因此，体育教师和学生是体育教学必不可少的两个基本要素。

据此我们认为，在这一教学过程中，无论是几要素说，还是有三个基本的要素是共同的，教师都是通过教材这一中介与学生发生作用的。即体育教师、学生和体育教材。

体育教学过程是教师与学生双边统一活动的过程，它们共同的作用对象是体育教材或教学内容。

体育教学系统的构成要素主要是体育老师和体育教材及学生和教学内容，它们之间是相互联系的，是相互依存并在对方之间都是起到一定作用的。

2. 体育教学系统的过程性要素

在体育教学过程中都会选择恰当适合自己的体育教学方法和教学手段具有针对性的教学，这种一般是体育老师再具体的教学环境中，作为体育教学活动的展开和运行的一种有效的方式。

体育教学的过程要素其实就是体育教学在系统运行时组成体育教学的逻辑程序。在这个前提下，我们一般认为体育教学过程是根据具体的教学内容，来对学生进行具体动作指导，这一过程的目的是达到体育教学目标的过程。

体育教学过程要素归纳几点要素主要是：体育教学方法和手段，体育教学内容和目标，体育教学环境和教学的反馈，甚至还有人际关系等各方面因素都属于体育教学过程要素。

3. 体育教学目标

体育教学目标是在教学过程中教师要达到某种教学效果的目标，主要是为给学生指明学习的方向，引导一个正确的学习方向，这也是体育教学的出发点和归宿点。这一目标的实施体现的不仅是体育教学的价值取向，还反映的是社会目标的和个人目标的价值取向。

正确的社会目标是经过国家出台的《体育（与健康）课程标准》来具体实现的，同时也是为了各个地方可以有一个好的比较，这也是对全国的中小学体育教学的统一规范，起到一定的统一作用。同时使各类体育群体具有相对统一的方向和标准。

个人目标首先就是要符合学生发展的水平为前提来实现的目标，但是这目标的实现还要求体育老师根据本校本班学生的体育基础和技术来确定它的高低。

4. 体育教学内容

体育教学内容是衡量老师组织教学活动时是否能够有效教授，是否能够实现体育教学目标和起到一定培养人才的作用及人才质量的主要内容。

在体育老师在选择教学内容时根据我国《体育（与健康）课程标准》和中小学的教材进行双向选择。

体育教学内容是构成体育教学过程和决定体育教学质量的重要因素之一，是完成体育教学目标的主要凭证和重要保证，所以我们在体育教学过程中应该遵循科学原则和正确思想原则，在实际体育课堂上应该遵循娱乐引导和实用研究原则，在整体体育教学过程中应该遵循民族性等基本要求。

在遵循以上几项的过程中，其实就是传授给学生体育、健康知识和各种体育技巧的过程。

通过以上的结论我们可以看出，体育教学内容的预期效果和效益是直接受到体育教学的内容影响的。所以要想符合体育教学的实际内容，并实现一定的预期效果，就必须充分挖掘地方学校的体育课程等一系列有效的资源，进行充分调配。

5. 人际关系

对我国的体育教学来说，主要是老师和学生之间的人际关系，这种人际关系在我国教学中是一种庞大的理念，它是一种无形的理念。

主要是老师和学生之间形成的人与人之间的关系，这种关系是非常重要的，因为一个群体的规范不是依靠某种强制性的理念来记性管控的，而是通过人与人之间的关系来进行的。

6. 体育教学反馈

体育教学反馈是体育教学系统的过程性要素之一，是师生双方对教学内容和方法的反馈。因为体育老师只有有意识地去捕捉学生在练习方面的反馈信息，并且对它进行处理，对学生的动作进行更好地指导，把教学质量提高，才能使学生把运动技术掌握得更好。所以说教学反馈对于以运动技能为主要内容的体育教学来说，具有特别重要的作用。这是教学反馈的方法除了平时的测验与考试之外，另外一条重要的渠道。

（三）体育教学过程的基本阶段

1. 体育教学过程的准备阶段

不管是教师备课，还是学生预习，课前准备是体育教学系统运行的首要程序，是教师备课和学生预习的两个子系统。

它是教师和学生按照统一的教学目的而进行的活动，即都是围绕所教学的体育知识、运动技能为中介而展开的。

教师备课，选择最佳的体育教学手段，掌握教学信息、了解教学对象、确定教学方法、制定教学计划。

备课就是结合学生的体育基础，体育教师根据《体育（与健康）课程标准》的要求和本校的体育课程资源的条件，以保证教学的顺利进行，取得良好的教学效果。备课是上好课的先决条件。

预习对学生来说具有重要作用。确定练习时的重点，学生对教材内容作预先的学习，上课时就能够做到心中有数，预习可以了解教材中的主要内容及其重点、难点所在，提高练习效率，加快掌握动作技能的速度。预习是在上课之前教师备课的同时。

2. 体育教学过程的实施阶段

体育教学过程的实施阶段是体育教学过程的基本阶段之一。在做好体育课前的准备阶段后，就进入到了实施阶段。通过之前长时间的调查与研究，我们总结出了以下几点需要注意的问题。

3. 目标清晰

制订课程目标一定要根据相关文件，与相关的教学内容和学生的实际情况相结合，让学生有足够的心理准备去完成教学目标。同时在教学的过程中，无论什么体育活动都要紧紧围绕着教学目标。

4. 适当地调控

作为体育教师，如果想有效的调控教学，应做到以下几点。学会利用印度引导式的教学思维，选择的教学方法要得当。科学的利用教学时间，以体育教学内容的难易程度为基础。要根据学生的实际情况，来把控教学进度。努力提高教学的积极性，充满热情，有责任心，善于营造良好的课堂气氛，把学生的主动性充分调动。

5. 对学生的学习情况及时了解

并且在此前基础上对教学进程进行一定的调整。作为学生，要想有效的学习，必须做到以下几点。

在课上要积极地与老师互动，不懂得一定要问。把主观能动性充分发挥，创造性的利用运动技能。上课集中精力，认真听讲，对老师的动作示范和讲解认真观察。课后认真练习，尤其是老师强调的重点和难点。

6. 体育教学过程的检查与评价阶段

综上所述，在体育教学过程中，除了具有进一步巩固所学体育知识、运动技能的功能外，还具有获得学生掌握运动技能的反馈信息，检查与评价，体育教学过程中所存在的不足，以便及时采取相应的补救措施。

检查主要包括教师观察、身体素质测定、运动技能展示等方式，检查学生在体育教学比赛中综合运用运动技能的能力，检查体育基本知识、运动技能的掌握情况，检查体育教师业务水平的提高程度。检查的目的是为了了解教学效果，

对学生的评定，是在检查的基础上对教与学的效果做出评估和鉴定。评价要对学习态度、思想状况做出评定，要对达到规定体育教学目标的程度进行评定。

对体育教师的评定，要对教学态度、业务水平进行评定，要对完成教学目标的情况做出评定，要总结出可取的经验，要找出改进教学的方法。教学效果的检查与评价是一个程序中相互联系着的两个环节。

教学系统运行的阶段之间密切联系、相互作用、相互促进，形成了一个完整动态的教学运行系统。

二、体育教学过程的主要特点

（一）体育教学环境的开放性

众所周知，体育课上课的形式与其他课程是不同的。相对于其他课程而言，体育课开放性的教学环境为它带来了以下两个难点。

1. 精心设计和统筹安排

体育教学的组织管理工作更加复杂化，需要更加精心的设计和统筹安排教学组织形式、教学步骤和教学手段。原因是相比于其他文化课而言，

体育教学是动态的，体育课上的大部分时间学生是在不断变化与运动中，而且班级人数通常较多，又得实行男女生的分组教学，再加上很多学校没有很好的体育设施，那么体育课的练习时间就显得更加宝贵。而其他文化课，同学们只需安静地坐在教室里听课就好，对于组织教学，教师不需要过多的安排。

2. 体育教学环境开放性

体育教学环境的开放性为体育课的教学带来了一定的难度。通常情况下，大多数的中小学生的体育课是在操场上进行，这样使得体育课受到的干扰的因素过多，例如，天气的变化等。

（二）运动技能学习的重复性

无论是什么样的运动技能的掌握例如，田径中的跑或者篮球、足球等，同样也适用于运动技能[①]的学习。

运动技能学习的重复性对运动技能的学习来说是非常重要的。需要经历一个漫长的学习过程和发展过程，需要经过一段时间的反复练习才能将所学的技能熟练掌握。

“熟能生巧”是学习的规律之一，体育教学的目的是为了能让学生在教师的指导下，更好地掌握运动技能。

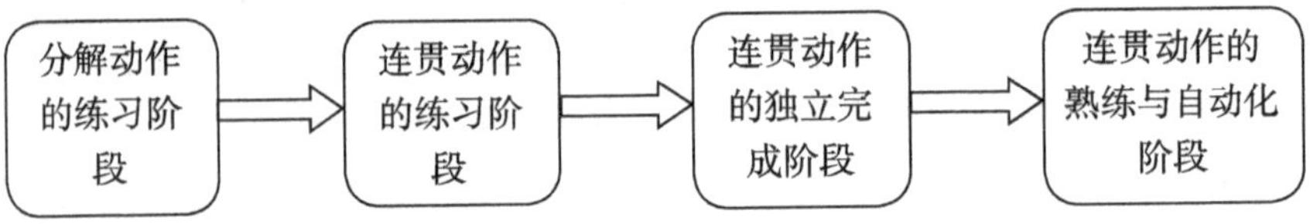

图3-1-1　运动技能学习的四个阶段

如果想掌握和提高运动技能，少数人专门化、竞技化的运动训练过程的技能学习与提高的规律在中小学体育教学的特殊条件下，几乎是不可能遵循的。因此，只能遵循循序渐进的原则，并反复多次的练习。

面对较多的基础体力差别特别大的群体教学遵循技能学习与提高的规律是特别难的。原因是在一节体育课或一星期的体育课上，只能是全班同学一起粗略的进行初步学习。如上图3-1-1所示是运动技能的学习所要经历的四个阶段。

① 在新的《体育（与健康）课程标准》中，运动技能作为五大学习领域之一，对运动参与、身体健康、心理健康、社会适应等学习领域目标的完成起到非常重要的作用。

第二节 体育教学设计

在前面我们讲述了体育教学的基本知识，为了让大家对本章内容有更多的了解以及能够在实际操作中熟练应用，在本节我们将讲述体育教学设计。

本节内容将主要围绕体育教学设计展开，其内容包括浅谈教学设计、体育教学中的中观教学设计、体育教学的单元教学设计以及体育课堂教学设计。下面我们将进行具体论述。

一、浅谈教学设计

为了让大家对浅谈教学设计更加了解，下面我们将从体育教学设计的概念、体育教学设计的意义、体育教学设计的一般程序这三个方面进行论述。

（一）体育教学设计的概念

体育教学在实际实施中评价方案的可靠性，以学科特点为基础，对可能出现的问题进行分析并想出解决办法，

体育教学设计出发点是体育教学系统的整体，它不仅要遵循一般的设计规律，同时把体育教师、学生等各方面的因素进行综合考虑，还要对体育教学的特殊性规律遵循，并不断修正，直到教学活动最优。它不仅有教学设计的一般性，而且还体现体育教学设计的特殊性。这个过程就是体育教学设计。

（二）体育教学设计的一般程序

（1）通过在体育教学过程中实现对教学目标的及时制定和纠正。[①]

① 确定通过教学活动，要求学生掌握哪些运动技能和体育与健康知识、在身心健康方面达到什么状态、形成怎样的体育态度和认识、培养与发展哪些能力等，应该用具体的、可观察、可测量的术语精确表述学习目标。

（2）通过在体育教学过程中对教学内容的具体分析。[①]

（3）通过在体育教学过程中对体育教学任务的及时补充和完成及时性。[②]

4. 体育教学场地设计

体育教学场地首先根据不同的体育场地进行的设计也会不一样，因为不同的体育教学内容和教材需要的体育器材是不一样的。同一内容的体育教学，不同的场地设计也会收到不同的教学效果。

5. 选择教学策略

包括教学的组织形式、方法手段、场地器材、电教媒体、活动步骤等方面的选择与设计。

6. 开展教学评价

了解教学目标的达成状态，并为修正教学系统设计提供实际依据。

二、体育教学的单元教学设计

（一）单元教学设计概述

单元教学设计是在学期教学工作计划的基础上，针对学期教学工作中的某一教学单元而进行的教学设计。单元教学设计的结果就是单元教学计划。单元教学计划是学期教学计划的深化和具体化。它可以使一学期某项主要教材的教学成为一个整体，每次课则是这个单元中的一个组成部分。教师抓住该教材的重点、难点，通盘考虑和设计，既可避免某些教法手段过多地重复，又可使学生对同一教材的反复出现不感到单调、枯燥，还可保证教材的重点、难点得到充分学习。由此可见，单元教学设计是体育教学设计过程中的一个十分重要的教学准备工作。随着体育教学改革的不断深入，单元教学设计越来越被广大体育教师所重视。

① 认真研究《体育（与健康）课程标准》，结合学校体育工作实际选择适合本水平和本校实际的体育教学内容，设计出学期教学工作计划、单元教学工作计划、教案等体育教学指导性工作方案。

② 确定学生从现有水平到达到教学目标所需获得的能力和子能力及其层次关系。

（二）单元教学设计的要求

1. 认真钻研教材

（1）通过钻研教材把握住该项教材的技术结构、重点和难点。其次，要把握住该项教材与不同水平的衔接与联系；

（2）要把握该项教材在每次课上的分配、与每次课前后的联系、每次课的重点与本教材重点的联系，切忌面面俱到、平均分配。

2. 正确选择体育教学方法手段

在全面掌握学生状况的基础上，课堂主要的教学手段针对性要强，要能够有效地解决每次课的重点、难点。教学方法手段应能够针对学生的年龄特点，趣味性要浓，要有相当的感染力，从而激发学生的学习兴趣。教学方法手段，还应该充分考虑利用学校的场地器材，使学生获得更多的练习机会。

3. 单元教学设计的步骤与方法

（1）根据单元教学设计的要求，确定某项教材的总的教学目标及教学重点。

（2）根据某项教材的课次及总的教学目标确定每次课的教学目标。

（3）根据每次课的教学目标，找出并确定每次课的重点和难点。

（4）根据每次课的教学目标、重点和难点，结合学生的特点和学校的教学条件，有针对性地选择每次课的主要教学手段。

（5）根据水平教学计划，结合本校的实际情况，确定某项教材的考核方法与评分标准。

三、体育课堂教学设计

（一）体育课堂教学设计概述

体育课堂教学设计[①]的过程如图3-2-1所示。

① 是指体育教师在备课过程中，根据某次体育课的教学目标、教学内容、学生情况、场地器材等教学实际情况，针对体育课堂教学活动而进行的教学设计。

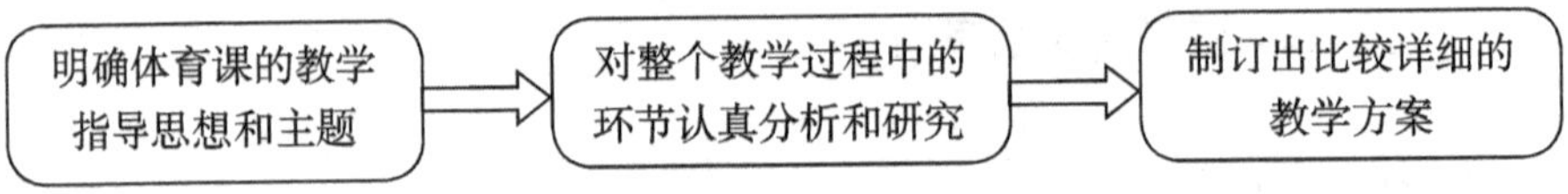

图3-2-1 体育课堂教学设计的过程

需要强调的是，体育课堂教学设计与体育课教案两者是不一样的。体育课教案是以体育课堂教学设计为基础，再经过一定的编写、修订而成的方案。

（二）体育课堂教学设计的主要内容

体育课堂教学设计①应以认真研究相关文件为前提（例如《体育与健康课程标准》、水平与学年教学计划等）并贯彻这些文件的相关精神，同时以体育课的类型和内容为基础，才能设计出最佳的教学设计与教学方案。体育课堂教学设计决定课堂教学的成败，并对体育课堂教学活动的实施和效果有直接的影响。

（三）教学内容设计

1. 塑造自我

形体训练，自编徒手形体训练动作。

2. 挑战自我

健美操的种类，总结归纳舞蹈与健美操的特点；跟随音乐做动作，随音乐做自己的动作；让用竞赛形式，学生充分地展现自我；教师讲解本课内容，以小组为单位进行比赛。

3. 开拓自我

随音乐跳民族舞，东北大秧歌；小结本课内容。

（四）教学目标设计

针对学生前几次课堂表现出来的身体素质和完成动作的能力，教学目标的设计从以下几个方面出发。

① 般情况下，体育课堂教学设计应包括：体育教学目标设计、体育教学内容设计、体育教学策略（体育教学方法）设计等。

1. 音乐模仿

学生能根据音乐模仿教师的动作，做到舒展、大方、协调。

2. 感受音乐

增强学生音乐感受能力，提高学生对健美操的认识，能自己创编。

3. 交流发现问题

通过合作与交流，使学生能够提出问题、展现自我。

4. 培养意识和精神

通过在教学过程中实现培养良好的合作精神和创新意识，使学生开阔眼界，挖掘学生的艺术潜质。

（五）教师指导设计

由小组长负责，结合学习内容和学生的差异，结合教师的诱导，通过音乐设置不同的情境，自由编组，采用导学式教学，激发学生学习的兴趣。通过看图片让学生进一步了解健美操的种类，培养自学自练能力。

（六）学生活动设计

通过观看表演，在小组长的带领下，相互促进，主动学习，组员自由组合，双边活动，提高小组长的组织能力以及组员的配合能力，共同提高。

（七）教学组织设计

根据实际能力，以竞赛表演形式调动学生的积极性，学生自由站位，增强竞争意识，自选出组长，自己创编，自己表现，从而体验运动和学习的乐趣。

（八）教学过程设计

大体教学过程设计有三个阶段：准备部分、技能学习、放松总结，下面我们将进行具体论述。

1. 准备部分（塑造自我）

课前安排包括教师与学生共同复习与设计教学。教学准备。检查录放音响设备、曲目选配、音乐情境设计。准备部分包括课前安排和教学中的准备活动。

为进行形体训练、培养学生的参与意识、调动积极性、激发学习兴趣、塑造自我、增强自信和自我审美意识做好准备。

2. 技能学习

采用自由配合、集中指导、观看录像、竞赛等形式，充分调动学生的积极性，展现自我，培养自学、自信、自练创新能力。使自己达到更高阶段。总结归纳健美操的特点衣种类，取长补短，开拓自我。

3. 放松总结、开拓自我

以愉快健康的形式结束本节课，可以跳民族舞，比如东北大秧歌，转换运动节奏，放松身体，陶冶情操。

（九）注意事项

在体育教学课程中，我们需要的不仅是教学设计课堂教学设计等几个方面，还需要注意以下几点。

1. 分析教学过程，控制影响因素

通过长时间的研究与探索，我们发现在体育课程中，教师要分析教学过程，控制影响因素，这是非常重要的。在设计体育课堂教学时，要注意类似教学目标、教学内容等这样的教学对象与教学过程的基本要素，还要注意像准备器材、导入新课等这样的体育教学过程的基础教学环节，并对他们进行具体的分析，同时还要对能够对学生学习成果产生影响的一些因素进行有效地控制。

2. 体育课堂教学设计必须依据素质教育理论

在体育教学过程设计中，我们必须以素质教育理论作为依据。原因是体育课在学校课程中占有举足轻重的地位，是把素质教育思想彻底实现、对新人进行德、智、体全面发展培养的重要途径。

3. 体育课堂教学设计必须根据体育课教学特点，遵循体育课教学规律

在体育课堂教学设计过程中，我们必须遵循体育课教学的规律，以体育课教学的特点为依据。体育课堂教学设计与其他课程设计最大的不同点在于，它是以身体练习或身体实践活动为主要的课堂任务。因此，体育教师在进行体育课堂教学设计时，应将一些教育与技能的训练有机结合（例如，运动参与、社会适应等），同时应把教学实践环节的设计很好地突出来，让技能学习作为整个体育课堂教学设计的主线。

第四章　体育教学方法与管理、评价

为了保证体育教学一系列有关活动的完整，使体育教学的整个过程能实现较为顺利，同时实现最佳的教学方面的效果，本章在体育教学基本知识和体育教学设计的基础上，将会具体地介绍体育教学方法方面、体育教学管理方面、体育教学评价方面的有关的不同的内容。

第一节　体育教学方法

通常我们按字面意思来看，体育教学方法往往表示得是有关体育教学方面的和体育学习方面的一系列具体方法。换句话说，即在体育教学中，体育方面的教师为了保证有关方面教学任务的完成而给予学生的学习方法的总称。

体育教学方法的提出能够利于学生更好、更迅速地融入体育学习的氛围，是学生学习体育并产生直观认识的主要来源。

一般情况下，我们依据不同标准把体育教学方法分为体育教学通用方法和体育教学现代方法。下面我们分别对其具体论述。

一、体育教学通用方法

体育教学通用方法是以体育教师教学过程为主要依据的。包括语言法、直观法、完整法、分解法四个方面的内容。

（一）语言法

语言法是指在体育教学中，教师使用语言的各种形式对学生进行体育指导的方法。

语言法的优势是传递信息面广，同时面向多个对象。换言之，既可一对一、也可以一对多进行有关信息的传递，也可采用多对一、多对多的方式进行有关方面信息的进一步传递。

正确运用语言法不但可以对学生的一系列思维进行一定程度的启发，促进其形成相对来说比较正确的认知，培养其分析问题与解决问题方面的有关能力，还可以激发学生关于进行学习方面进一步锻炼的积极性，并课堂环境气氛变得更加活跃，师生关系变得更加融洽。

一般情况下，体育教学的语言法主要包括以下几个方面的内容，即讲解方面、口头命令方面、口头指示方面、口头评价方面、口头汇报方面、默念方面、自我暗示方面等。

（二）直观法

直观法是指由教师演示，学生直接通过自身感官（视觉、听觉等）感知动作的方法。

一般情况下，体育教学的直观法包括以下六点：动作示范、直观教具与模型演示、采用多媒体技术、助力与阻力、定向、领先等。

（三）完整法

完整法是指教师从开始到结束完整地传授给学生某种动作的方法。

通常情况下，完整法对协调性要求较低，其对象动作结构简单、方向线路变化较小，即使有动作比较复杂，其各个部分之间的联系也会非常密切。以下是完整法的四种常用方式：（1）直接运用；（2）强调重点；（3）降低难度；（4）改变练习的外部条件。

（四）分解法

分解法是用来与完整法作对比的，是教师将开始至结束的完整动作技术划分成几个部分逐个教授给学生的方法。

二、体育教学现代方法

现代体育教学的方法是以体育教学的学生学习方式为依据的。包括自主学习法、探究式学习法、发现式教学法、合作学习法四个方面的内容。下面进行具体阐述。

（一）自主学习法

自主学习法是学生在教师指导下根据自身条件和自主学习要求进行的学习方法，具有能动性、独立性和创造性等多个方面特点。

自主学习法的意义有以下两点。

（1）有利于确立学生的主体地位，激发其学习体育的热情，培养其体育学习能力。

（2）有利于提高体育教学的学习效果。

（二）探究式学习法

探究式学习法是学生在教师的引导下独立地表达、交流、搜集与处理信息，并获得各种知识、技能，各种能力得到锻炼的学习方式。具有问题性、实践性、参与性、开放性等特点。

探究式学习法的一般步骤如下。

（1）提出问题。

（2）分组讨论。

（3）验证方案。

（4）评价与提高。

探究式学习法的注意事项如下。

（1）合理设置问题。

（2）鼓励学生积极探究。

（3）充分发挥小组的集体智慧。

（4）注意运动技能的学习。

此外，还有发现式教学法（又称问题法，是指学生在好奇的基础上通过“再发现”进行学习的一种教学方法）和合作式教学法（合作学习法表示的往往是学生方面在小组或团队中，为了实现某一特定的任务，有明确的责任方面一系列分工的互助性学习的形式）。

第二节　体育教学管理

体育教学管理是指对体育教学的管理，是对体育教学实施科学管理，使其达到程序化、规范化、制度化，为稳定教学秩序、提高教学质量、全面完成教学任务的保证。

一般情况下，我们把体育教学管理分为体育教学管理内容和体育教学管理实施两个方面。下面我们分别对其具体论述。

一、体育教学管理内容

通常情况下，体育教学管理的内容包括三个方面：体育教学计划管理、体育教学课堂管理和体育教学质量评估管理。

（一）体育教学计划管理

体育教学计划是指体育教师在国家对学校体育相关规定和要求的背景下，结合所在学校的实际情况和教学需要制定的教学工作文件。它是对体育教学活动的构思和设计，也是检查、评估教学质量的重要依据。

体育教学计划管理主要包括以下四个方面。

（1）对制定体育教学计划的全面、综合管理。

（2）对体育教学计划实施的组织、监督和调控。

（3）对体育教学各种资源的规划和调配。

（4）对体育教学计划执行程度和实施效果的监测和评估。

（二）体育教学课堂管理

体育教学课堂管理是与体育教学课堂相关的管理活动的总称。我们把它简单划分为体育教学课前管理、体育教学课中管理和体育教学课后管理。

1. 体育教学课前管理

体育教师教学前要做好充分的准备工作，具体包括以下三个方面。

（1）充分了解所任教班级学生的实际情况，如学生人数、男女生比例、运动基础及对运动的认知、健康状况、兴趣爱好、组织纪律性等，同时也要考虑教材特点和场地器材条件与环境等。

（2）认真学习和领会体育课程标准的核心思想和具体要求，仔细深入地研究教材，分析教材的重点、难点和关键，并结合学生的具体情况、自己的教法特点和学校的教学条件，确定教学的重点和难点，合理安排教学内容、教学步骤、教法措施等。

（3）做好教案的编写工作，它是体育教师课前准备的一项关键工作，也是提高体育教师业务能力、教学水平和积累教学经验的一项有效措施。在深入了解学生的情况和钻研教材与教法的基础上，教师可着手进行教案的编写。编写应简明、扼要、翔实，符合实际、突出教学重点和教学特色，各部分衔接紧密，教法科学、新颖、全面、有效，运动负荷安排适宜，安全预防措施全面、准确。

2. 体育教学课中管理

一般来说，体育教学不是一种封闭性的教育活动，其具有开放性特征。在体育教学课堂中，教学活动不仅受到学生和教师本人的影响，也受环境、设施的影响，影响因素较多、较复杂，其整个活动甚至存在一定的安全隐患，因而更需要通过各种合理、安全、有效的组织形式来加强对课堂教学的管理。

体育教学的课堂组织形式是体育教学的课中管理的一种。体育教学的课堂组织形式主要有三种，即分班教学、个别教学、分组教学。其中分组教学又可分为同质分组、异质分组和友情分组。每一个教学组织形式都有其特定的适用条件。不过，由于各种因素的限制和影响，我国学校体育教学的组织形式仍以分班教学为基本形式，但它也正在朝着多样化、综合化和个性化的方向发展。

（1）分班教学

分班教学又称班级授课制，是学校体育教学组织的基本形式。

教师可根据不同年级采用不同的分班方法，如以不同行政班为单位进行教学（适用于小学和初中低年级），以不同性别为单位进行教学（适用于初中高年级和高中阶段）等。它能提高单位时间的教学效率，较好地体现教师的主导作用，有利于体育教师对课堂教学进行组织与管理。虽然班级教学注重了效率，但在实施过程中教师对学生的统一性要求比较明显，不仅难以体现对个体差异性的因材施教、区别对待，也不能较好地发展学生的个性、运动潜能。

（2）个别教学

通常情况下我们认为，体育教学中的个别教学是指体育教师对学生实施的“一对一”教育。

这种教学形式能很好地认识和把握学生之间存在的个体差异，可以根据每个学生的个人能力和特点进行针对性的教学指导，使学生的最大潜能能有机会得到充分发挥，切实做到区别对待、因材施教，有益于提高每个学生的学习效率。但由于其在实施过程中需要耗费大量的人力和教学时间，容易导致教学效率低下，也易使学生对教师的依赖性增加，与我国现今的基本教育状况不是很符合，成本较高，也提高了体育教学的困难。

（3）分组教学

分组教学是指把一个教学班分成很多个小组，并以小组为单位进行教学。这种组织形式既可以保留班级教学的优点，又可以克服个别教学的缺点，还能在一定程度上发展学生的特长，培养他们的交际能力。

分组教学主要有以下三种分组方法。

①同质分组

一般来说，同质分组是指体育教师根据学生的体能状况、运动基础或兴趣爱好等进行的分组。使同一小组内的各成员在体能、运动基础以及兴趣爱好等方面有一定的相似性，相互间的差异较小，便于他们相互之间的交流和分享。

同质分组的优点在于：能增强学生之间的相互尊重、平等意识；有利于提高学生的参与积极性和兴趣。

同质分组的缺点在于：对比标准模糊，容易降低学生之间的竞争意识，不利于对学生个体的长远发展；组内学生水平相当，也不利于学生及小组整体学习和运动能力的提升。

②异质分组

一般来说，异质分组是指体育教师有意识地将不同层次和水平的学生分成同一小组，使小组成员之间的差异性增大，但又保持各个小组间基本同质，实现小组内学生的互帮互学。

异质分组的优点是有利于不同体能、不同运动技术技能水平、不同学习能力的学生相互交流、相互学习和帮助，使学生明确自己的发展方向和学习榜样。但由于学生之间在诸多方面存在明显的差异，在学生中容易造成等级观念、优劣差异或自卑感等，不利于构建和谐健康的学习环境。同时，这种分组教学方法也给因材施教带来一定的困难。

③友情分组

友情分组是学生可以自主选择与自己关系较为密切的同学为伴进行学习和练习的方法。

由于学生相互之间的紧密关系，使得他们在教学过程中容易形成良好的情感交流和协调配合，能更好地充分发挥各自的作用，齐心协力完成学习目标。但是，由于学生之间有共同的爱好和兴趣，这种分组教学的方法也容易助长不良的学习态度和风气，导致涣散学习现象的产生，从而影响整体的体育教学效果。

3. 体育教学课后管理

在体育教学结束时教师应结合整个活动内容及过程对本次教学工作做一次小结，如回顾总结本次教学任务的完成情况、课堂中学生的学习情况和态度、有没有出现不良现象以及值得表扬的人和事等，并提出改进方法和要求。

另外，要及时记录学生的行为表现。教师自己也要积极组织学生归还器材、清理场地，同时进行自我评价，并积极听取他人意见等。

（三）体育教学质量评估管理

体育教学质量评估管理包括体育课程管理、体育教材管理和体育教学成绩考核管理。

1. 体育教学课程管理

体育课程体现着体育教学的目标与价值，伴随着教育事业和体育事业不断地发展，体育课程也得到长足的进步、完善和发展。

2001年6月教育部颁布的《基础教育课程改革纲要（试行）》指出：“改变课程过于集中的状况，实行国家、地方、学校三级课程管理，增强课程对地方、学校及学生的适应性。”

2. 体育教学教材管理

作为体育课程的内容载体和表现，体育教材能集中反映国家对体育教学的要求和体育教学的目的目标。在体育课程三级管理体制的影响下，体育教材的多样化及编制的灵活性和个性化特征日益突出。

《基础教育课程改革纲要（试行）》规定：“完善基础教育教材管理制度，实现教材的高质量与多样化。实行国家基本要求指导下的教材多样化政策，鼓励有关机构、出版部门等依据国家课程标准组织编写中小学教材。”并指出：“加强对教材使用的管理。教育行政部门定期向学校和社会公布经审查通过的中小学教材目录，并逐步建立教材评价制度和在教育行政部门及专家指导下的教材选用制度。”

在编制和选择体育教材时还应遵循教育性、健康性、娱乐性等原则，其内容应符合本学科的特殊性及实施要求，重视对学生体育学习和运动实践的启发和指导，与学生的身心发育特征和全面健康发展要求相适应，利于学生学会学习，形成终身体育。

3. 体育教学成绩考核管理

体育教学成绩考核管理主要包括对教师教学成绩考核管理和学生学习的成绩考核管理，它们一般可以由体育教研室、体育教师和学生进行评价和成绩管理。

（1）体育教研室对成绩考核的管理

体育教研室应根据体育教学计划和《课程标准》的规定，结合教师与学生的实际情况确定具体的考核内容、标准和评分方法，审订体育教师上报的考核实施计划和方案，对考核成绩进行审核和汇总、分析，建立成绩档案，及时上报学校教育主管部门。

（2）体育教师对成绩考核的管理

体育教师既是体育教学成绩考核的制定者，也是具体的实施者。

体育教师应按照学校和体育教研室教学工作计划，认真组织各年级、各班的体育教学成绩考核，制定详细、具体的考核办法和要求，并熟悉考核工作程序、方法和标准，以客观、公平、认真、严谨的态度进行测评，做好成绩登记和分析，建立自我教学成绩考核档案，及时发现在自己的教学和学生的学习过程中的问题和矛盾，认真总结，并拟定改进措施、计划和方法，并按规定将考核成绩上报体育教研室或其他部门。

（3）学生对成绩考核的管理

随着体育教学评价主体多元化的发展，学生也逐渐成为体育教学成绩考核的实施者，其主要责任是对体育教研室的组织与管理工作、体育教师的教学及自身的体育学习进行监督和评价。

学生应根据相关的评价标准和方法对其职责范围内的各项活动进行综合性、即时性的定性与定量评价，及时将评价结果反馈给体育教研室或体育教师、班主任。同时也根据他人评价结果及自我主观感受全面、真实地分析自己在学习过程中的主要问题和不足，建立学习档案，对自己的学习方法及下一阶段的学习目标进行调整和完善，也培养了自我监督、自我管理和自我评价的能力。但在此之前，体育教研室和体育教师应组织学生学习体育教学成绩考核的相关规定和要求，端正评价态度，并在实践中掌握和熟悉考核的步骤和方法之后，方能让学生参与具体的体育教学成绩评价和管理活动。

二、体育教学管理实施

体育教学管理的实施是进行体育教学管理的直接体现。

一般来说我们把它分为体育教学管理实施主体、体育教学管理实施原则与方法两个方面的内容。

（一）体育教学管理实施主体

从宏观、微观的角度分别来看体育教学管理的实施主体：体育教学宏观管理部门包括各级教育部门和体育有关部门；体育教学微观管理部门包括学校体育教学主管领导，各级学校教导处、体育教研室、体育教师。

1. 体育教学宏观管理部门

它主要是指各级教育部门和体育有关部门。

在我国，对体育教学具有最高领导权的机构是中华人民共和国教育部，其次是国家体育总局，两者有关部门的协调配合对体育教学发挥着领导作用。

其中，在教育部下设了体育卫生与艺术司，主要负责对全国各级学校的体育教学、卫生、艺术工作进行宏观管理。国家体育总局群众体育司下设的青少年体育处则能对全国学校学生的业余体育训练、竞赛和体育后备人才的培养施行管理和安排。在地方，各省、市、自治区、直辖市、县教育行政部门均设置体育卫生工作管理机构及专门的管理人员和工作制度。

2. 体育教学微观管理部门

（1）学校体育教学主管领导

根据国家相关要求，学校体育工作必须列入学校工作计划当中，各级各类学校的体育教学工作都应由校长或一名副校长主管，其主要职责有以下五个方面。

①按照上级主管部门的要求以及学校实际情况，制定学校体育工作的目标和要求，并决定重大的体育教学活动。

②加强宣传，切实保证学校体育各项活动的有序、正常和科学开展。

③协调学校体育与学校其他教育工作的关系，明确学校体育的工作职责和地位，并形成相互促进、相互监督的整体工作机制。

④指导制定各种具体的学校体育工作计划和规章制度，加强对体育场地设施建设和各项体育经费使用的科学、合理规划。

⑤重视体育教师队伍的建设。

（2）各级学校教导处

教导处对全校各学科的教学工作和全校教学工作的整体安排具有一定的管理和监察职能，它对体育教学的管理具体表现为以下三个方面。

①配备和加强体育师资力量。

②对体育（与健康）课程和课外体育活动的开展时间进行统筹安排。

③检查、监督并敦促日常学校体育工作。

（3）体育教研室

体育教研室承担着体育教学的办公、后勤工作。其主要职责有以下八个方面。

①根据国家和上级教育和体育主管部门的要求，以及学校工作计划和

发展需要，制定切合实际的各项学校体育工作计划和规章制度。

②对各种具体的教学工作计划进行审批、监督和检查。

③组织学校的早操、课间操和课外体育活动，结合实际组织开展各种课余训练和比赛。

④组织教师集体学习和研究体育教材、教法、教学组织管理、教学评价等，加强教学研究活动和学术研讨交流，提高教师的专业素质和科研能力。

⑤协助学校相关部门做好学生定期身体健康测试工作，积极推行《学生体质健康标准》。

⑥协助做好体育场馆和器材以及教学设备的购置、维护、使用、保管和维修工作，对体育经费的使用做到透明、公开、合理。

⑦加强对体育教师的政治教育和业务培养，以及对体育骨干教师的选拔和培养。

⑧与学校教务、人事等部门配合，制订合理的体育教师配备计划，并对体育教师进行公正、客观和准确的考核。

（4）体育教师

体育教师作为体育教学的核心，对体育教学实施管理的职责主要有以下六个方面。

①根据学校的工作计划及教研室工作计划，制订各项具体教学活动计划，并报教研室审核。

②学习和领会《课程标准》，认真钻研教材，充分做好上课准备，不断研究和改进教法，并及时做出课后总结，提高教学水平和质量。

③切实组织好课外体育活动，认真实施《国家体育锻炼标准》，并积极做好运动训练和竞赛工作。

④协助校医进行学生体质测试工作，并对学生综合体质进行及时、准确的评价和分析。

⑤做好体育宣传工作，积极培养体育骨干，充分发挥他们的榜样性和典型性作用。

⑥加强教学科研能力，积极从事体育教学学术研究活动。

（二）体育教学管理实施原则与方法

体育教学管理的实施原则与方法是体育教学管理相关规定和办法的集中体现。

1. 体育教学管理实施原则

体育教学管理的实施原则包括系统性原则、针对性原则、计划性原则、科学性原则和灵活性原则五个方面。

（1）系统性原则

体育教学管理所针对的是体育教学过程中的各个环节，它从宏观上对体育教学的开展情况及发展方向做出了规定。

体育教学管理不仅是教育管理工作体系中的重要组成部分，并结合体育教学的实施而形成具有特殊的管理目标、内容、方法和特点等，其自身也是具有科学性和规范性的独立结构。

（2）针对性原则

虽然体育教学管理的内容比较丰富，管理方法灵活多样，但每项管理活动的设计和实施都有明确的目的性和针对性，也是因此为各项体育教学管理活动的开展明晰方向，并能突出重点，发挥体育教学管理的实效性。

（3）计划性原则

任何一项体育教学工作的开展，包括体育教学管理，都必须先根据实际情况拟定实施的步骤、方法、内容、程序和方案等。

另外，体育教学管理并非是一朝一夕的活动，它会一直随着各种体育教学的进行而存在。同时，也因为体育教学的周期性、阶段性和连续性特征，决定了体育教学管理必须是有计划地开展，并且这种计划是长期、持续的。

（4）科学性原则

体育教学管理的水平和效果会直接影响到我国体育教学的总体发展速度和方向，因而在实施体育教学管理过程中，要以现代教育和管理理论及体育教学理论为基础，并结合哲学相关原理，不仅要采用科学的知识和方法制定管理目标、内容、标准和实施方案等，也要结合实际选择管理方法，合理使用各种资源，并建立一支高水平的专业管理队伍，以确保体育教学管理工作的有序、有效、科学地开展。

（5）灵活性原则

体育教学管理由于受体育教学复杂性、综合性等特征的影响，它在实施的过程中也比较容易受各种外界因素的影响，如管理条件、管理者的水平和能力、管理时间安排、管理信息的收集和有效性等。因而，体育教学管理在具体实施程序、评价标准及内容等方面应具有一定的弹性，以增加体育教学管理体系的整体适应性。

2. 体育教学管理实施方法

（1）政策法规管理法

政策法规管理法是指运用国家对于开展体育教学工作所颁布的各种有

关的法律、法规、法令、条例、决议、规章制度等实施管理的方法。

政策法规管理法具有强制性、稳定性等特点，同时也具有规范性和统一性的性质。它有利于维护正常的体育教学管理秩序，确保体育教学工作应有的地位，以促进各项体育教学活动的健康发展，如《中华人民共和国体育法》《学校体育工作条例》《学生体质健康标准》《全民健身计划纲要》等。

另外，国家体育总局颁布的《运动员技术等级制度》《裁判员技术等级制度》《体育运动竞赛制度》等对体育教学活动同样具有法规效力。

（2）行政管理法

行政管理法是通过有关部门发布指令、规定、条例等方式，运用行政组织和机构的职能与手段，对各种形式、性质、目的的体育教学实施宏观管理的方法。

行政管理法具有权威性、指令性、强制性和针对性等特点，它能有效地发挥体育教学管理活动所具有的组织、指挥、协调、调控和监督的作用。

（3）教育管理法

体育教学的最终目的和职责是“育人”，因而对体育教学的管理也应以教育为主、以教育为最高要求和目的。

教育管理法是通过教导、劝说等方式，做到说服、教育，并根据教育对象的实际情况和所处环境，有针对性地采用不同的教育方式达到体育教学管理的目标。

（4）目标管理法

目标管理法是指根据体育教学工作的有关规划及要求，结合教育对象和实施环境的实际情况，确定不同阶段体育教学工作的目标，并通过检查目标的实施和完成情况而进行管理的方法。

这种管理方法比较适合于对体育教学、体育竞赛、课余运动训练和课外体育锻炼等活动。

（5）奖励法与惩罚法

奖励法与惩罚法主要是对体育教学目的目标的完成情况和过程做出价值判断，并根据判定结果和实际状况给予不同的奖励或惩罚的方法。

奖励法与惩罚法是针对集体或个人在体育工作中做出的业绩给予肯定、表扬和奖励，以起到激励、表率、榜样、示范和推动体育教学工作的作用。而对于完成较差或出现错误的集体或个人给予批评、引导和相应惩罚，以起到帮助、督促、改进的效果。在运用时应做到实事求是，公平、正确、公开、公正，奖励与处罚一定要恰当并符合实际。

第三节　体育教学评价

体育教学评价是指以体育教学为对象，对教学效果进行的价值判断，即依据教学目标和任务对体育教学过程及效果进行判断，以提供体育教学反馈信息，实现导向、激励、控制、管理等方面功能的过程；换句话说，它是依据一定体育教学目标及其有关标准，对整个体育教学过程进行系统调查并评定其价值和优缺点，希望能够改进体育教学的一个过程。

体育教学评价也是教学评价在体育学科中的具体运用。下面我们对其进行认识并依据不同标准进行分类。下面我们分别对其具体论述。

一、认识体育教学评价

对体育教学评价的认识是对体育教学整体进行理解的结果。

（1）我们一般认为体育教学评价包括以下四个方面的内容。

①体育教学评价是判断体育教学活动价值及优缺点的过程。

②判断的根据是体育教学目标及有关标准。

③体育教学评价是一个过程，系统调查（定性和定量地收集资料的一切方法，如体育测量、听课等）及其在此基础上的评定和调整构成了这一过程。

④体育教学评价不是孤立存在的形式。其需要通过测量，需要对测量进行解释并得出评定结果，并根据评定结果通过反馈机制自动调整体育教学活动的方法和方向。

（2）我们对体育教学评价的认识主要由于以下两点原因。

①体育教学评价的目的和结果不应局限于对体育教学价值的判断。

②体育教学评价是一个循环往复、具有连续性的过程。单纯的价值判断不但不可能实现和完成评价的全过程，而且不能使其转入循环以成为整个体育教学过程的有机组成部分。系统调查——评定——调整——再系统调查——再评定——再调整，循环往复，构成体育教学评价连续运行的过程。

（3）我们在进行体育教学评价时应遵循以下原则和方法。

①原则：客观性原则；整体性原则；指导性原则；科学性原则。

②方法：观察法；问卷法；测验法。

二、体育教学评价分类

随着现代教育和现代科技的不断发展，体育教学也在不断发展。因而我们认为：体育教学评价与人们所认识的一般的教学评价不同，它已经有了一套自己的评定标准。

我们可以从各种不同的角度对体育教学评价进行分类。

（一）根据评价所涉及内容对象的多少划分

通常情况下，我们往往能够根据评价所涉及具体的内容对象方面的数量把体育教学评价划分为以下两个方面的内容，它们分别是单项评价方面和综合评价方面。

1.单项评价方面

单项评价指的是包括对学生学业成绩有关测验的结果与过程的评价、对教师教法合理性有关测验的结果与过程的评价，主要还是对体育教学的某一个或多个侧面进行有关各式各样活动的评价。

2.综合评价方面

综合评价指的是全面地评价某一学校体育教学质量的有关方面内容。主要还是对某一学校的相关的全部的体育教学方面的活动进行完完全全的标准化地评价。

在这样的条件之下，我们通常情况下认为：这两类评价可以被认为是局部和整体的关系，假使没有单项评价方面作为基础的话，综合评价往往是完成不了的；同样，如果我们不从整体方面对体育教学有关内容进行相应的进一步把握，也会导致对单项评价结果方面的各样式的解释不那么让人可信。

（二）根据体育教学活动的角色划分

通常情况下，往往能够在体育教学方面的一系列有关活动的基础上，把体育教学方面的评价活动划分为对学生方面的评价和对教师方面的评价。

学生和教师作为教学有关系列活动的主要参与者，他们的一系列行为方面的表现往往最能集中展现相关教学过程的性质和教学活动的结果。因此，对师生双方在教学有关活动中的表现的一系列评价是教学评价方面的又一重点。

（三）根据评价运用的方式和结果显示的信息特征划分

一般来看，我们根据评价运用的方式对体育教学评价进行一系列的划分，可以把体育教学方面的评价划分为主观性评价和客观性评价。

其中，主观性评价是以评价者通过听课形式和谈话形式，以主观体验的有关系列方式而做的，客观性评价往往会经由客观的测量活动和测验活动收集资料而产生。

另外，从结果显示的信息特征方面划分的话，又有定性的评价和定量的评价两个方面的内容。

（五）根据评价在教学过程中不同作用的特征划分

通常情况下我们认为：根据评价在教学过程中不同作用的特征，我们可以对体育教学方面评价进行如下几个方面的划分，它们分别指的是：诊断性评价方面、形成性评价方面和终结性评价方面。

1.诊断性评价

通常来看，我们进行诊断性方面的一系列评价活动往往是为了以下几个方面的内容。

（1）通过对学生方面当下的准备状态的有关方面的了解，希望能够更好地进行编班分组活动。

（2）为了可以在之后妥当地安排体育方面的一系列教学计划。

另外，它往往会在教学方面一系列活动开始前或者开始的时候做，而且得要通过专门的“摸底”类测验。

2.形成性评价

一般来看，形成性评价方面的有关内容多在教学过程中做，主要是希望通过对教学方面一系列正在进行的活动进行价值的进一步判断，分析研究出教学活动过程中所存在的有关问题或缺陷，以便形成适合教学对象的教学方法或教学手段。

3.终结性评价

通常情况下我们认为：终结性评价活动需要在教学方面一系列活动完成之后再开始进行，它常常是对所有我们知道的教学方面的有关成果的综合性评价，也常常表示对已经完成的教学方面的活动进一步采取的价值判断方面的活动。

第五章　学校体育中足球教学实践

足球运动技战术在高校足球运动训练中占有非常重要的地位，学生通过技战术的训练来获得一些真正的比赛技术，在掌握到一些基本的技战术之后，学生们可能就会举一反三地发现一些实用技战术的合理运用方法，进而发现足球运动技战术之中的易犯错误，全面提高足球运动及战术的水平。

第一节　足球运动技术教学

一、足球运动技术的基本理论

（一）足球技术的概念及分类

1. 足球技术的概念

足球运动技术是人们在日常的训练和比赛过程中逐渐积累起来的，是一个长期的积累过程，足球运动员在比赛中所有能够用到的动作，我们称之为足球运动的技术。

随着社会的不断进步与发展，足球技术已经有了长足的进步，并且这种进步的形式已经呈现出了更快的趋势，运动员们为了赢得比赛的胜利，在平时的训练中都要遵循一种原则，那就是需要兼顾进攻与防守两个方面，更要注重与队友之间的相互配合。当运动员熟练掌握足球运动技术的前提下，才有可能执行教练员对于球员的战术安排，没有过硬的足球技术是不能完成战术安排的，并且足球运动的技术和战术之间是相互促进的，技术的提高能够促进战术的提高，战术的提高又能增加技术的水平，两者之间的都是完成对方任务的首要条件。

现代足球比赛中，进攻与防守之间的转变是非常快的，而现在的战术打法也更加趋同于全攻全守，场上球员的职责也变得越来越模糊，这对进攻与防守的技术也都提出了比较高的要求。所以，在对足球运动员进行训练的时候，一定要重点加强技术与战术之间的相互配合，向着更加全面、准确与实用的方向发展。

2. 足球技术的分类

足球运动的技术种类是非常多的，在众多的技术种类中，一些比较简单的技术是很容易被大家所接受的，但是对于一些难度比较大的技术动作来讲，还需要运动员经过深刻的学习和刻苦的训练之后才能真正掌握。另外来讲，在掌握到良好的技术之后，还需要在适当的时机把这些技术加以运用，只有这样才能够在真正的比赛中取得良好的比赛成绩。

我们可以根据球员在场上的分工以及比赛过程中跑位的变化，将足球运动员的技术分为锋卫队员技术和守门员技术两个种类。但是，无论是什么类型的技术，运动员在进行足球比赛的时候一定要全面结合足球运动的技术动作，并且还要兼顾诸多无球动作，所以，足球技术又可分为有球技术和无球技术两种类型（图5-1-1）

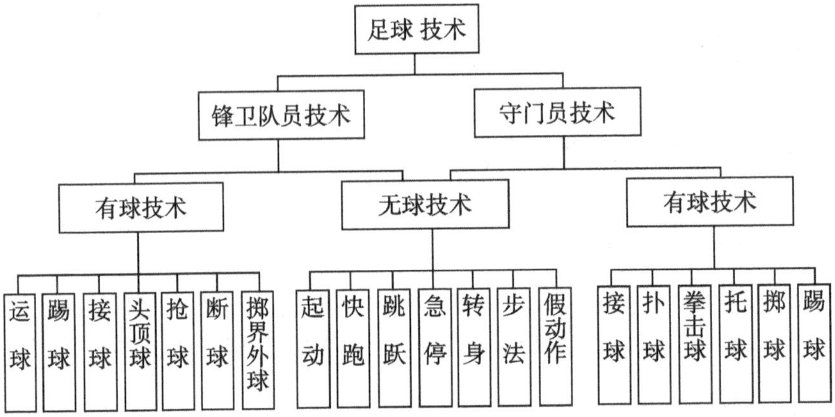

图5-1-1

（二）足球技术的基本特征

1. 技术与即兴发挥相结合

足球比赛的局面变化是非常快的，对于足球比赛的结果没有谁能够进行准确的预测，这也是足球运动能够吸引人的重要原因，这同时也是由足球运动自身的不可预知性所带来的。随着社会的不断进步与发展，足球运动技术也得到了较大幅度的提高，足球运动员在比赛中处理球的时间与进行思考的时间将会变得越来越少，在比赛的过程中，留给球员思考的时间极度缩减，同时防守强度也在逐渐增加，这种形势下足球运动员要有更加强烈的压迫感，激发自身的运动潜能，真正掌握一些擅长的运动技术，只有这样才能够在比赛中获得主动权。

即兴发挥就是运动员根据比赛的一些现实情况或者是突发的状况，适时地采用一些特殊的手段，将自己已掌握的技战术进行重新的组合与整理，最终达到出奇制胜的目的。随着足球运动日新月异的发展与改变，运动员在场上进行即兴发挥的机会越来越多，当然，即兴发挥并不是让运动员不遵循教练的战术，而是在某些特殊的情况下不得不采取的一种方式与手段，即兴发挥要求运动员具备娴熟的运动技术以及勇于冒险的精神，并且这些所有的精神意志以及足球技术都需要在机会出现的一刹那表现出来。

2. 技术运用的目的性

足球运动的每一项技术都会有他自身的目的性，运动员在比赛场上进行比赛的过程中，他们所变现出的任何一种技术动作，都会带有一定的目的性，对于初学者来讲，他们可能对于足球运动的了解还不够深入，那么，他们在做动作的时候可能就会带有一定的盲目性。但是这种盲目性会随着运动水平的不断提高而逐渐增加的，从这个维度上讲就是要全面提高运动员的技战术水平，进一步减少运动的盲目性，最终会有助于目的性的提高。

足球运动是一项竞争非常激烈的竞技性运动，足球比赛的目标就是防止对方球员攻破本方的球门，而尽力将球攻入对方的球门。如果要想真正实现这一目标，就要尽可能地利用足球技战术控制好球的运行，并且还能够通过一些有效的途径掌控比赛的节奏，伺机射门得分，控制球的能力在一定程度上讲就是保证比赛胜利的根本性条件，要想保证比赛的胜利，运动员需要掌握扎实的基本功，娴熟地运用这些技术，并且在比赛的过程中具备良好的心理素质，做到运动技术与比赛目的之间的良好结合。

3. 技术与速度相结合

足球运动正在朝着高速度、强对抗的方向来发展，最突出的表现就是运动员在身体素质上的增加，特别是速度的增加，比如动作速度、运动速度以及动作的速率等。所以，要想真正能够适应现代足球运动的一些强烈对抗，最为重要的因素就是需要在速度上有加大幅度的提升。特别是快速移动的能力以及技战术的运用能力，如果运动员在比赛的过程中，没有出色的运动能力以及速度能力，即使技战术能力再强，也不能得到有效地发挥。

4. 技术与意识相结合

意识就是运动员在比赛的过程中对于整个比赛的一种规律性认识，并且能够根据场上形式的变化或者比赛结构的更新，进而采取一种比较有效的行动来改变当前的不利状况，在足球运动场上的一举一动都能够全面反映出足球运动员的运动意识。

另外来讲，良好的足球运动意识也是足球取胜的重要前提，在防守的过程中，如果防守人能够对于进攻队员有一个预判，在对方球员进攻的道路上提前进行堵截，那么，防守的效果将会大大提升。在进攻的过程中，找到防守队员的缺点与防守漏洞，通过突然加速、左右晃动以及多次变相等方式，摆脱对方的防守，增加射门的机会。

在运动员进行足球运动训练的时候，不论运动员使用什么样的运动技术，在思想上都会受到意识的支配，所以，在进行训练或者是比赛的过程中，将训练的技术与运动员的意识之间做一个有效的结合还是非常有必要的，这对于运动员的技战术能力以及心理素质都会有比较高的要求，对于对方球员的进攻路线与心理也应有良好的预判，有效地将自身的技战术能力与运动意识良好地结合，是两者真正实现共同发展。

能够影响到足球运动员意识的因素是多种多样的，其中运动员的文化素质、理论知识以及运动天赋等条件的影响力是比较大的。意识一般情况下是属于人们自身的思想范畴，人的运动天赋与运动能力都会存在很大的差别，所以，对于足球运动员的意识是不能够一概而论的，足球运动员的运动意识也不能通过简单的训练而获得，一般情况下，足球运动员在训练的过程中需要教师在对学生进行教授的时候，向学生灌输各种足球运动的意识，并且在教学的过程中对于一些有足球运动天赋和特长的学生给予特殊的培养。

5. 技术与意志相结合

足球运动员良好的意志品质也是足球运动取得胜利的重要因素之一，在足球比赛中有举足轻重的作用。

足球运动员的意志品质基本上都是表现在三个方面，即：用于冒险的精神，勇敢顽强的作风，强大的情绪控制能力。

从古至今，足球运动都是一项充满挑战的运动，之所以会出现这样的状况，基本是由于其自身特点来决定的，随着比赛强度的不断加强，对于运动员的一些心理素质和精神品质都提出了比较高的要求，没有强大毅力支撑的情况下，运动员是很难完成一场精彩绝伦的足球比赛的。

二、颠球

颠球技术就是运动员用身体的多个部位连续对球进行控制和接触，并且保证球不落地，根据接触球部位上的差别，我们将颠球技术分为以下几个种类（图5–1–2）。

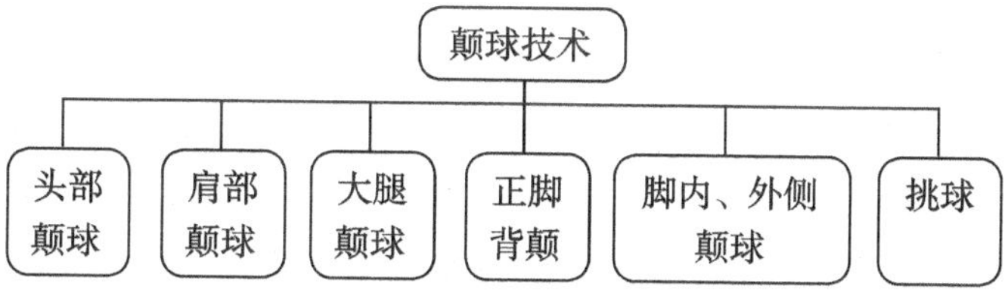

图5–1–2

（一）脚内、外侧颠球

脚内侧颠球：支撑腿的膝关节要稍微弯曲，身体的重心也要随着支撑脚的独立移至支撑脚上，用脚的内侧向上摆动，击打球的下部，双脚的内侧交替进行击球动作，但是也可以单脚连续击球，类似踢毽子运动。

脚外侧颠球：动作方法与脚内侧颠球相仿，只是改脚内侧为外侧，提脚颠球时，脚由外往上提起。

（二）大腿颠球

当球马上要下落至大腿抬起平行于地面的位置时，需要抬腿屈膝，利用大腿的中前部位向上击打球的下部，双腿交替击球，同时也可以用一只脚进行支撑，另一侧大腿进行连续击球动作。

（三）正脚背颠球

在进行正脚背垫球动作的时候，需要双脚交替向上摆动，用脚背进行正面击球，触球的时候注意踝关节的紧张度，击打球的下部。由于摆腿或者是球受力方向的原因，一旦触球会使球产生一定的内向旋转，在进行颠球运动的时候，不仅可以双脚交替进行颠球，而且还可以单脚支撑，单脚颠球。

（四）头部颠球

两脚开立，约与肩同宽，膝部自然微屈，头部上仰，用前额部位连续顶球的下部。顶球时，用力不要太大，并且注意要适中保持两眼注视球。

（五）肩部颠球

双脚左右开立站位，将身体的重心移动至中间位置，双臂自然下垂或稍屈肘。当球下落到接近颠球一侧的高度时，颠球一侧的肩部向上耸立，击打球的中下部位，迅速将球向上颠起。

（六）挑球

挑球就是将自己的支撑脚踏在球的侧后方25～30厘米处，膝关节稍微弯曲，将身体的重心前移至支撑脚上，执行挑球的脚放在球顶部，小腿微弯，将球轻轻向身体部位方向拉动。一旦球被脚掌拉动，则脚掌需迅速向后滚动，给球一个加速度，当球具有一定的初速度之后，通过惯性将球滚至脚背，大腿迅速内收，用脚背将球轻轻挑起。

三、踢球

踢球的方法主要有以下几种。

（一）脚内侧踢球

1. 踢反弹球

在踢反弹球的时候，需要根据球反弹的位置移动到对我们最为有利的位置，支撑脚的站位要与球的落点能够相互呼应，踢球腿摆动与踢定位球的时候想相互一致，一旦球着地之后，在离开地面的瞬间，用脚的内侧来击打球的中部位置。

2. 踢空中球

根据来球速度和运行轨迹及时移动到位，踢球腿大腿抬起（屈）并外展，小腿屈并绕额状轴后摆，利用小腿绕额状轴由后向前摆动，当摆至额状面时与球接触，击球的中部（图5–1–3）。

图5-1-3

3. 踢定位球

在运动员准备踢定位球的时候，需要一定的助跑过程，在助跑的时候最后一步要比前面几步跨度稍微大一些，支撑脚站在球的侧面，距离一般保持在15cm左右，支撑脚的脚尖需要对准出球的方向，支撑腿的膝关节稍微弯曲。当支撑脚着地之后，踢球腿由大腿带动小腿，做摆动动作，在触球的前一刻钟，用脚跟将球送出去，使得球与脚跟内侧所形成的平面与出球的方向形成直角，踢球脚的脚底要与地面相互平行，脚尖稍稍翘起，踝关节发力使脚型能够固定住，在固定好脚型之后才能够保证踢出去的球急速有力，方向上也不会有太大的偏差（图5-1-4）。

图5-1-4

（二）脚背踢球

1. 脚背外侧踢球

（1）踢反弹球

脚背外侧踢反弹球的动作与脚背正面踢反弹球的方法基本相同，只是接触球时用脚背外侧部位击球。

（2）踢地滚球

脚背外侧踢地滚球的动作要求和踢定位球相同，但支撑脚站位时应考虑球的滚动速度，以保证在脚触球的瞬间支撑脚与球的相对位置符合规格要求。

（3）踢定位球

脚背外侧踢定位球的动作方法与脚背正面踢定位球相似，不同点在于摆踢时脚面要绷直，脚趾向内扣紧并斜下指，用脚背外侧击球的后中部，击球后，踢球腿顺势前摆着地。

2. 脚背内侧踢球

（1）踢定位球

采用斜线助跑的形式踢定位球的时候，助跑的方向应该与出球的方向呈现出45° 的夹角，助跑的最后一步跨度要稍大一些，以支撑脚的脚底积极进行着地，脚尖指向出球的方向，落脚点要在球内侧约20～25厘米的距离，随后膝关节稍弯曲。

在支撑脚落地之后，踢球腿马上后摆，以髋关节为轴，由大腿来带动小腿，向前摆动，与此同时，小腿要做一个爆发式的摆动，摆动的同时，脚背尽量保持绷直的状态，脚尖稍向外转，用脚背的内侧来击打球的后中部位，当完成踢球动作之后，踢球腿与身体要随着出球的方向向前探出（图5–1–5）。

图5–1–5

（2）踢地滚球

在踢地滚球的时候，首先要判断好来球的方向与速度，找到正确的落点之后，及时移动至落球点，在选择支撑点的时候，要重点考虑到来球的情况与摆腿的速度，全面保证触球的瞬间能够强劲有力，脚和球之间的相对位置能够保持特定的规范。

（3）踢反弹球

在踢反弹球的时候，需要运动员判断好来球的落点，根据其运行的速度与方向做一个良好的预判，当球反弹离地的瞬间进行踢球动作，其他的动作要求与踢定位球一样，踢反弹球主要用于踢侧方或者是侧前方的高位来球。

3. 脚背正面踢球

脚背正面踢球主要包括以下几种。

（1）踢倒勾球

在我们进行踢倒勾球的时候，需要根据来球的速度和方向进行相应位置的调整，保证自己能够移动到正确的位置，球的落点正好能够与站位相互对应，同时还要保证自己的站位能够在球的后方，在接球的时候，支撑腿稍微弯曲一点儿，上半身保持向后仰的状态，踢球腿以髋关节为轴向前转动，在身体的正前方将球踢出，要踢出球的方位应与身体的朝向相一致，具体方法如图5–1–6所示。

图5–1–6

（2）踢定位球

在踢定位球的时候，我们还可以考虑采用直线助跑的方式，支撑脚需要落在距球大概10～12厘米处，脚尖正对出球的方向，膝关节稍微弯曲，踢球腿在跑动过程中要逐渐向后摆动，并且以髋关节为轴，由大腿带动小腿向前摆动。当膝关节摆动到接近球正上方位置的时候，接下来的动作将由小腿来完成，并以脚背的正面部位来击打球的后中部位（图5–1–7）。

图5–1–7

（3）踢侧面半高球

在进行踢侧面球训练的时候，球的运行速度与运行方向是我们选择展位的重要参考依据，在选择好击球点的同时，保持身体面向出球方向，顺势将身体的中心移动到支撑腿上，在进行踢球的时候，由大腿带动小腿向前摆动，用脚背的正面来击球，在完成击球动作之后，踢球腿随身体的惯性向前摆动，保持身体的平衡（图5–1–8）。

图5–1–8

（4）踢反弹球

和其他技术球一样，要踢出反弹球，就要对来球的速度大小、运行轨迹、落点位置做出准确迅速的预判。其技术要点是，把握好球落地的瞬间从地面弹起的机会，踢球的脚迅速发力，使用脚背踢中足球的中后部，在踢出球的过程中，注意把小腿向上摆动（图5–1–9）。

图5–1–9

（5）脚背正面踢球练习方法

①徒手模仿练习，按照动作要领在慢跑中做正确徒手模仿的踢球姿势，保持动作的稳定和连贯。在完成技术动作的过程中注意大腿带小腿的

摆动和小腿的摆速、大腿的前送动作，同时保持支撑腿的弯曲和身体重心的稳定。

②两人一组，一人踩球一人做脚背正面踢球技术动作，体会脚触球部位、体会击球部位。

③两人一组踢定位球，俩人相距10～15米踢定位球。一人踢球一人停好，将球再踢回去。

④踢准练习，两人一组相距10～15米，中间摆一个2～3米宽门形标志物，两人踢定位球通过门形标志物，反复练习。

⑤两人一组距离由近到远逐渐加大踢球的力量练习。体会远近距离踢球时的不同力量。

⑥踢反弹球练习，两人一组相距8～10米自抛自踢。体会支撑脚位置和击球点位置。

⑦两人一组相距8～10米，一人抛球一人踢活动中来球，体会活动中踢反弹球动作要领。

⑧利用球墙练习脚背正面踢球的技术动作。由原地踢球逐步过渡到在活动中踢球。体会活动中球的落点、支撑脚的位置和身体重心的变化。

（三）踢球技术训练

1. 无球模仿训练

在队员们进行无球模仿运动训练的时候，运动员要发挥自己全面的想象力，假设地面上有一个足球，在想象中勾勒出球的形状与位置，然后向前迈步做踢球动作，随着原地踢球动作的逐渐熟悉，可慢慢过渡到慢跑踢球模仿动作，随着时间的推移与练习的熟练度，最后可采用快速组跑的形式进行训练。在进行无球模仿训练的时候，需要特别注意的是，一定要发挥充分的想象力，能够想象到球真正摆放在自己的面前，并且在模仿踢球动作的时候，适当保持脚踝部位的肌肉紧张，使脚型能够固定在一个正确的位置上，这对于今后的实球训练具有非常重要的促进作用，并且对于防止脚踝部位的受伤也有非常重要的意义。

2. 踢固定球训练

一人把球踩在脚下，另一人用脚的不同部位踢球，体会脚的触球部位。

3. 射大球门训练

如图5-1-10所示，训练者需要在罚球区位置上，在球门与训练者之间插上两个小旗做标志，训练者第一步需要做的就是用脚抽射，使球绕过中间的小旗进行，将球射入门内，但是不规定从标志的左侧或者是右侧抽射，踢球的时候对训练者的脚法不做任何规定。随着训练程度的不断加深，足球教练可对训练者进行小旗左侧抽射进门和小旗右侧抽射进门的规定，逐渐提高训练的难度，在一定程度上提高训练者的实战能力。

图5-1-10

4. 利用足球墙和标杆做踢旋转球的训练

可以将标杆插在踢球者与墙之间，标杆与人、墙之间的距离需要根据练习者自身的实际情况来定，在训练的初期可以适当增加一些距离，随着训练的逐渐加深，则需要慢慢缩短距离。在训练的过程中训练者可以利用足球墙进行各种训练，尤其是对于初学者来讲，使用足球墙进行训练能够保证在同样时间之内增加更多的锻炼次数，并且对于集中掌握各种足球运动技术也有很大的促进作用，同时对于提高练习者的球感也有一定的帮助作用。

5. 对墙踢定位球训练

对墙踢定位球就是要求练习者面对着墙，把球放在地面上，然后利用助跑动作，逐渐靠近球，将球踢出（图5-1-11），在刚开始进行训练的时候，离墙的距离不要太远，一般需要五米左右的距离就可以了，用力不要太大，争取将球踢出去之后能够用手接住，如此往复练习，当训练熟悉之后可以逐渐增加球与墙之间的距离，然后踢球的力度也逐渐加大。紧盯对墙踢定位球练习的主要目的就是能够使初练者体会到踢球的整个过程，使运动员能够掌握基本的踢球技术，随着练习的不断深入，可以将地滚球逐渐变成半空球，并且能够熟练运用各种踢球的技术。

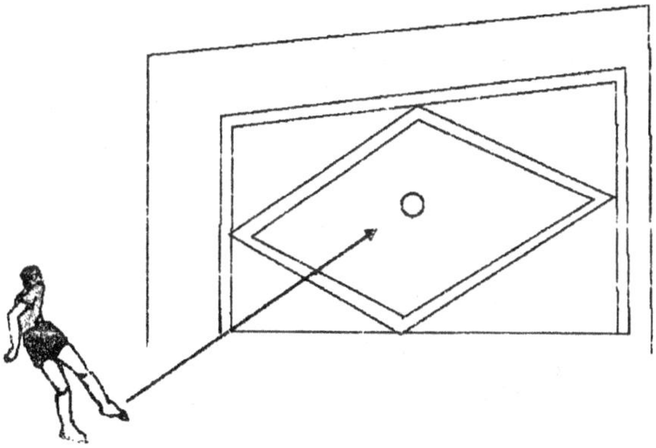

图5-1-11

6. 踢地滚球训练

通过适当的观察，判断出来球的方向与速度，将自己的协调能力进行调整，进一步根据来球的方向确定好支撑脚位置的变换，在进行地滚球训练的时候，一定要学会尝试接受多个方向的来球，包括正面、侧面以及侧后方的来球，在日常的训练过程中，还可以适当增加一些训练的条件，比如运动员在接球的时候必须规定好所使用的脚法与站位方式等，同时还可以根据场上来球方向、速度的不同选择恰当的方式进行接球。

7. 各种脚法的2人训练

无论是传球射门训练还是其他形式的射门训练，在进行训练的过程中，队员都可以找一名同伴进行两人训练，当两名运动员进行踢定位球训练的时候，在训练过程中可以穿插适当的接球训练，当在行进中踢球运动训练的时候，则可以适当穿插一些定位球的训练。将两种踢球方式进行交替训练不仅能够增加运动员进行训练的乐趣，同时还能达到最好的运动训练效果。

四、传接球

（一）接球技术

1. 脚内侧接球

（1）接地滚球

支撑脚脚尖正对来球，膝关节微屈，同侧肩正对来球。接球腿提膝大腿外展，脚尖微翘，脚底基本与地面平行，脚内侧正对来球并前迎，当脚内侧和球接触的一刹那迅速后撤，把球接在脚下（图5–1–12）。

图5–1–12

（2）接反弹球

在运动员进行接反弹球动作的时候，接球人应该提前对球的落点进行判断，并冲破一切阻拦来到球的落点位置，支撑脚需要在球落点的后面，在接球的瞬间支撑腿屈膝，用胸部、腹部或者是大腿、脚背面接球，使球能够平稳落地，当球落地之后，用脚内侧轻推球的中上部，进行下一动作（图5–1–13）。

图5–1–13

（3）接空中球

在进行接空中球运动训练的时候，我们需要有效地根据来球的速度以及球运行的轨迹进行相应的移动，及时快速地移动至正确的位置。如果来球的位置比较高，则应该适当抬腿向前迎接来球，使脚内侧接触球，缓缓将球引到地面上，在这个过程中注意要保持身体的平衡，将身体的重心放在支撑腿上（图5–1–14）。

图5–1–14

2. 脚背外侧接球

脚背外侧接球的特点是动作幅度小、速度快、灵活机动、隐蔽性较强。但动作难度较大，接球时常伴随假动作和转体动作，适用于接地滚球和反弹球。

（1）接地滚球

在观察好周边情况之后，根据来球的方向和速度，判断球的落点，尽早选择支撑脚的位置，并且根据场上比赛的情况，运用一些合适的动作或者是方法技巧进行接球。

在做接球动作的时候，应屈膝，踝关节向内侧翻，用脚背抵挡来球，当球临近的时候，接球脚以脚背的外侧来推拨球的相应部位，最终将球控制在最恰当的位置上，继续进行下一动作。

（2）接反弹球

在接反弹球的时候，我们应当注意判断好来球的落点，进一步抢占最为有利的接球位置，或者是利用假动作来欺骗对手，接球腿的小腿应该与地面形成一定的夹角，以膝关节做适当幅度的扣压动作，以防球的反弹。

（3）脚背外侧接球练习方法

①利用足球墙进行练习：采用足球墙练习脚背外侧接地滚球，个人相距足球墙5～8米左右，踢地滚球弹回来，用脚背外侧接地滚球，由开始原地接逐渐过渡到迎上去接。

②两人一组对面站立，相距8～10米左右，一人踢地滚球，一人用脚背外侧接地滚球练习；由开始原地接，逐渐过渡到迎上去接，再逐渐过渡到向两侧接球。

③个人将球踢高，然后进行接反弹球的练习（或用手抛起后进行练习也可以）。

④两人一组对面站立，相距8～10米左右，一人抛地高球，一人用脚背外侧接反弹球练习，由开始原地接逐渐过渡到迎上去接，再逐渐过渡到向两侧接球。

3. 脚背正面接球

在进行脚背正面接球的训练的时候，我们需要对球的落点做一个良好的预判，在球下落之前及时赶到球即将下落的地点，使自己保持正确的站位，根据来球的情况，选择接球的部位，通常情况下都是用脚背来接球的，一旦球碰触到脚背的正面，接球腿就要随球下降，这个时候大腿的膝关节、踝关节与脚趾等都需要有一定的紧张度，脚尖稍稍翘起，把球接到最恰当的位置（图5–1–15）。

图5–1–15

4. 胸部接球

胸部接球是接高球的一种好方法。胸部接球包括挺胸式和收胸式两种方法。

（1）挺胸式接球

面对来球，两脚左右或前后开立，两膝微屈，重心置于支撑面内，上体后仰，下颌微收，两臂自然张开，维持身体平衡。接触球的瞬间，膝关节伸直，两脚蹬地，胸部轻托球的下部使球微微弹起于胸前上方（图5–1–16）。

（2）收胸式接球

这种接球方法多用于接齐胸高的平直球。面对来球，两脚左右或前后开立，两臂自然张开，挺胸迎球，触球瞬间收胸、收腹、臀部后移将球接在体前（图5–1–17）。若需要将球接在体侧时，则触球瞬间转体将球接在体后相应的一侧。

图5–1–16

图5–1–17

（3）胸部接球练习方法

①两人一组互抛互接练习，根据来球方向迅速跑动，用正确部位触球。

②互抛平直球进行反复练习，体会收胸收腹时机。

③两人一组相距15～20米互传互接练习，根据传球不同情况，分别采用挺胸式或收胸式方法接球。

5. 腿部接球

大腿接球可根据不同来球高度将其分为接下落高空球与接略高于膝的低平球。

（1）接下落高空球

身体正对来球，选好支撑脚位置并稳固支撑，接球腿屈膝上抬，以大腿中前部对准来球。触球瞬间，接球腿积极引撤下放，接球部位的肌肉相应放松，以加强缓冲效果，使球触腿后落于体前（图5–1–18）。

图5–1–18

（2）接略高于膝的低平球

面对来球方向，根据来球的高度，接球腿大腿微屈，送髋前迎来球，当球和大腿接触瞬间收撤大腿，使球落在所需要的位置上。

6. 腹部接球

在激烈的比赛中为了抢点控制球，根据比赛的需要也可以使用腹部接球。

（1）腹部接平空球

当来球比较突然而且和腹部同高时，应先挺腹，在腹和球接触瞬间迅速含胸收腹，将球接下来。

（2）腹部接反弹球

在进行腹部接球的时候，接球者一定要用身体正对来球的方向，并进行适当速度的跑动，根据来球的方向和速度对球的落点有一个明确的认识，清晰的判断，接球的瞬间，身体稍向前倾，腹部对准落地之后反弹起来的球，提前保证腹部肌肉的紧张程度，避免受伤，然后压着球向前移动，同时也可以在来球的一瞬间，将身体向侧面转动，然后改变球运行的方向，将球导向同伴的方向。

（二）传球技术

传球技术是整个足球运动中比较基础的运动技术，传球的重要性是显而易见的，个人的技术再高，如果没有一定的传球水平，很容易就会被对手包夹，造成失误。任何团队的战术执行都需要传球来支撑，基于这一点考虑，每位成员都应该熟练掌握传球技术，传球质量的好坏在一定程度上也决定了进攻的成功率与防守的质量，在足球比赛的过程中，队员之间传球需要注意的问题主要有以下几点。

（1）传球应秉承简捷、快速的宗旨进行。

（2）后场是整个场区中比较危险的地带，进攻队员在后场进行传球的时候要尽量避免横传或者回传球，尤其是在天气条件不佳的时候，更加应该注意，保证传球的成功率。

（3）在进行传球的时候，需要对周边的站位有一个清晰的认识，能够预见防守球员的走位以及同伴的进攻路线，在掌握了一定的传球技术之后，尽量减少盲目地传球，在保证成功率的基础上进行传球。

（4）在进行传球的时候需要时刻注意假动作的运用，掩盖进攻方传球的意图与路线，用假动作迷惑对方，以此来达到躲避对方堵截的目的。

（三）接球技术训练

1. 抛接球训练

在进行抛接球运动训练的时候，需要两人面对面站位，距离大概在5米左右，一名队员用手向另一名队员抛球，另一名队员可以用胸部、腹部、大腿和脚进行接球，随着训练时间的不断增加，抛球队员可适当改变抛球的距离以及抛球的力量，更加全面地锻炼接球人的接球能力。

2. 跑动中传接球训练

在进行跑动中传接球运动训练的时候，需要两人一组，共用一球，在特定的空间范围之内进行跑动训练，在接球的时候，运动员要想提高接球技术，一定要尽量多的使用接球的方式与方法，这在一定程度上也要求传球队员抛出各种各样的球，在球速、传球距离、传球方向以及传球力量上都要有所变化。

3. 对抗中的接停球训练

在进行对抗中接停球运动训练的时候，教练员可以将练习者分为4人一组，传接球队员之间的距离在18米左右（需要根据运动训练的熟悉程度适当增加或减少队员之间的距离）。如图5-1-19所示，防守队员△与接球队员④相距1米左右，接球队员②先向后撤几步，然后突然启动向前跑动，接住从④队员传过来的球，并且竭尽全力将球控制在自己所能控制的范围之内，并在最快的时间内将球传给无球队员③，最后进攻队员与防守队员之间相互交换角色，进行接停球训练。

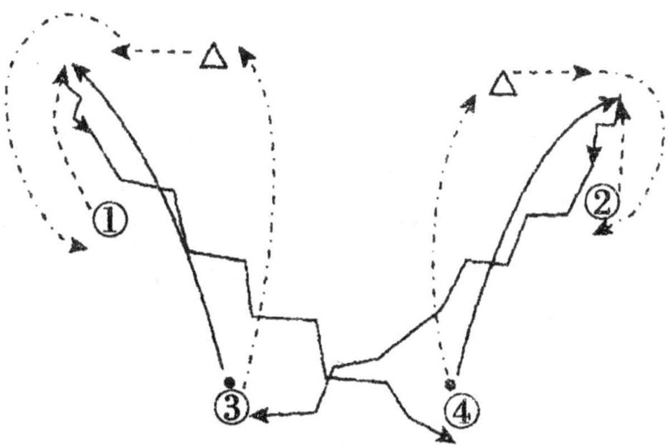

图5-1-19

4. 接控球训练

如图5–1–20所示，在进行接控制球运动训练的时候，需要4人一组，呈4人一组进行站位，正方形的边长控制在20米左右（站位距离可根据运动员的训练水平进行适当改变），4名队员需要站在正方形4条边的中间位置左右，由②号队员开始进行训练，①号队员沿着边线向前切入，②从其身后传斜线地滚球，队员①用同侧脚背外侧接球，向前运球，到边角附近。此时，另一队员④沿边线切入，①斜线传球给④。依次轮转训练，练习一段时间后改变跑动方向。

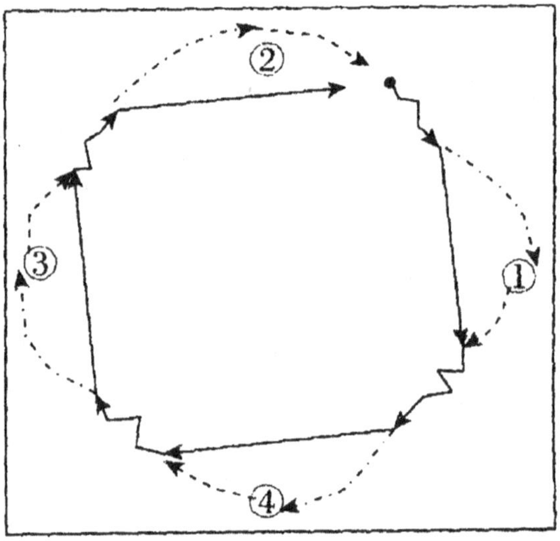

图5–1–20

第二节　足球运动战术教学

在足球运动中，战术的重要性是大家有目共睹的，战术的成功与否对于足球比赛的胜负具有决定性的作用。所以，在高校进行足球运动训练的过程中，我们一定要加强学生对于足球战术的理解和训练，使得学生的足球水平能够得到进一步提高。

一、个人战术

（一）个人进攻战术

1. 传球

传球在足球运动中的重要性是大家有目共睹的，能够完成战术执行的最基本要求就是传球的质量，如果我们要想传出一些质量比较高的球，球员不仅要掌握正确的传球技术，并且对于传球时机、传球目标以及传球空间的要求也会有比较高的要求。

（1）传球目标的选择

在比赛的进程中，传球目标一般分为空当传球和脚下传球两种方式，向前方空当传球的威胁是比较大的，虽然这种传球方式的威胁比较大，但是成功率并不高，容易受到对方球员的干扰，为了能够全面掌控比赛的节奏，同伴之间最好还是进行一些横向的传球，从这个就角度出发，我们就能够清晰地认识到，需要将脚下传球和空当传球两种方式进行有机结合，只有多种传球方式相互结合，才能够迷惑对手，达到最佳的战术效果，当然比赛场上什么情况都可能会发生，对于具体的情况我们还需要进行适当的调整和分析。

（2）传球时机的掌握

掌握好传球时机，将直接影响到传球的效果以及战术配合的成败。比赛中传球的时机主要包括以下两种情况。

①当出球人发现对手出现空当之后要马上进行传球，并指挥相应的接球队员进行位置上的变更，做好接球的准备，实施战术的意图，比如进行转移进攻，快速反击等等，但是在进行传球的时候，速度一定要快，动作也一定要迅速，在接近球的时候进行适当加速，否则被对手识破之后，进攻节奏就会被打破，战术执行也会有很大的难度。

②跑位在先，传球在后。也就是说当同伴主动跑向某一个空当的时候，持球人应当马上向该队员进行传球，如果同一个接球的位置上出现了好几名接球队员，那么，持球人应当选择这几个人当中站位最有威胁性的人进行传球。

2. 运球突破

所谓的运球突破就是进攻队员全面运用个人的技术来突破对方的防守，创造出对本队更加有利的进攻机会，运球突破技术是威胁性很高的个人战术，也是难度比较大的个人行动。一般来讲，一个成熟的球队当中，前腰、前锋以及边锋球员的能力要求都会比较高，这种运球突破的技术通常也会被用作战术的起始。

（1）运球突破的条件

运球突破对于比赛的意义是非常重大的，但是这种进攻方式也需要满足一定的使用条件，只有在恰当的时机使用运球突破技术，才能够真正发挥出它的威力，如果球员在不分场合与时机的情况下，一味地进行运球突破，不仅很难达到进攻的效果，而且对于战术的执行也会有很大的阻碍。一些运球突破的条件具体如下。

①本队进攻球员在前场得球后身边并没有队友及时跟上接应，此时应果断选择运球突破。

②在中、前场得球，对方采取造越位战术，同伴又处于越位位置时，此时应选择运球突破。

③控球队员在对方罚球区附近，而防守队员身后又有空隙，突破后即可射门时，应该大胆突破。

④控球队员在对手紧逼盯抢而失去传球角度时，应果敢地向前突破。

⑤控球队员处在一对一的情况下，一旦突破即可传中或从中路长驱直入逼近对方球门时，应大胆运用运球突破。

（2）采用运球突破的注意事项

①在面对防守人的时候，一般防守人都是背对球门的，一旦进攻球员在适当的机会获得了进攻的机会，防守球员再次进行补防的时候，首先需要做的就是转身动作，简单的一个转身可能就会失去一次很好地补救机会。这个时候，进攻球员就要适时抓住进攻的机会，充分利用好自身的速度优势，尽最大可能突破对面球员的防守。

②把握住稍纵即逝的有利时机，具体时机就是当对面的防守队员距离控球队员一米也就是一大步左右，此时，拦截的对手正处于一种犹豫不决或者是正试图与自己夺球的一瞬间，是突破的最佳时机。

③一定要有过硬的控球技术，时刻掌握球的动向，只有这样才能做到随时准备突围，即使无法突围，也能保证球不被对方拦截，造成失误。

④运动员要有过硬的突破技巧，才能够做到随机应变，根据对方的防守状况，掌握有利时机，迅速突破对方防守。

⑤运动员在准备要突破对方的防守时，一定要果断迅速，一旦成功，迅速传球配合，如果能射门就要把握时机立即射门。

⑥正确运用突破的技术，才能达到想要的结果。

3. 射门

在一场足球比赛当中，决定比赛结果的就是射门的成功与否，成功多的一方也就意味着比赛的胜利，因此，所有球员的战术配合，最终目的都是为了射门成功，所谓射门，就是比赛过程中，一方运动员将足球有目的地踢向对方球门的行动。

（1）射门的技巧

射门的方法与技巧是多种多样的，在进行比赛的过程中我们要根据场上的实际情况适时地选择射门的角度与力度，大力量进行射门看起来可能比较有威胁，但是射门的成功率并不一定会很高。

（2）射门注意事项

①力争抢点直接射门。通常情况下，在一场足球比赛中，射门的时机通常是稍纵即逝的，因此，一定要及时把握住，因为比赛现场上的局势是瞬息万变的，一旦出现射门的机会，一定要力争直接进行射门。

②抬头观察。当然，射门也不仅仅是射门这一个动作，还要讲究射门的成功率，因此，在准备射门的时候，要迅速观察球门的位置以及对方守门员所站的位置，采用最为合适的射门方式，出其不意，迅速射门，提高成功率。

③沉着冷静。在进行射门的时候，一定不要盲目，也不要慌张，看准时机，利用防守上的漏洞以及队员之间的空当进行射门，在射门脚法的选择上，一定要用自己比较擅长的手段和方式进行攻击，在保证射门成功率的基础上尽可能地加大进攻的力度，增加对方防守的难度。

④珍惜射门机会。在一场足球比赛当中，不管运动员是处于一种怎样的状态，一定要找准时机，果断射门。

⑤及时跟进补射。首先足球比赛是一个团队运动，因此，当运动员在射门的过程中，如果有位于球门较近的队员，就应该立刻跟上，当射门球员没有能够完成射门或者射门失手之后，跟进球员可以马上进行补射，这种补射在一定程度上讲并不是难度很大的技术动作，这种动作的难点就在于寻找合适的机会进行补射。

4. 跑位

应该说，在一场足球比赛当中，除了持球的运动员和双方守门员，其他运动员都在跑位，所谓跑位，就是运动员在不持球的时候，通过有目的的跑动寻找有利位置或空当，目的就是帮助己方得球或威胁对方射门。

跑位动作在比赛中是最常见的一种技术形式，在进攻的过程中基本都是以跑位串联整个比赛的，真正能够打破对方战术的就是这种无球跑动，为本队球员获得更加有利的进攻机会。

（1）跑位战术的基本内容

跑位并不是漫无目的的，跑位的方法也不是单一的，根据赛场上的状况，可以将跑位分为变相跑、加速跑、突然启动跑等多钟。在跑位的过程当中，最重要的内容就是及时抓住最有利的跑位时机，确定想要通过跑位到达的位置以及正确的方向。

①敏锐的观察。在比赛的进程中，本方队员如果得到了球权，本队的作战形式就会产生由守转攻的变化，无球队员需要做的就是要学会适当的观察，了解到球所在的位置以及出球的角度之后，根据队友的站位以及对手的站位进行适当的跑位和传球。另外来讲，同时还要观察对方球员给予本队球员的所有阻碍，然后及时根据赛场上的变化，随时进行相应的战术调整。运动员的观察能力往往在一定程度上能够对比赛起到决定性的作用。

②有明确的跑位目的。在整个足球比赛过程中，无球队员的跑动需要有明确的战术目的，即使运动员的身体素质再怎么好，没有明确的战术目的，也不会取得比较好的效果。

接应：当己方队员处于持球状态时，无球的运动员要通过跑位接近控球队员，通过以多打少突破对方的防守，进而实现射门的目的。

摆脱：当双方的运动员处于一种僵持状态时，避开对方的防守是无球运动员首先要做的就是冲出或避开多方的防守，当对方采用紧逼战术的时候，接球队员就要采取相应的方式方法进行躲避，可以忽快忽慢、忽前忽后的跑动，以此来摆脱对方的防守，接受同伴的传球，如果无球队员站在原地不进行跑动的话，就很难得到同伴的传球，对于整个比赛的影响也会是比较大的。

切入：足球比赛是一项相互配合的运动，处于跑位状态的运动员发现己方的持球队员为了突破对方的防守而想要将球传向对方球员之间或对方球员背后的空当位置时，就要及时跟进，以便己方继续控球，掌握主动权。

拉开：一旦确定控球权，就要及时拉开与对方的距离，适当的距离不仅有利于控球队员的转移，还有利于促进控球队员组织进一步进攻甚至是射门，或者是本队球员全部拉开，给对方球员制造一种视觉上的错位感，适时寻找进攻的战机，一旦对方出现空当，立刻发动进攻。

传球后立即跑位：控球队员传球给同伴之后马上就会变成跑位队员，所以，持球队员在完成传球动作之后应该马上进行跑位，只有这样整个队伍才能够在流动中进行协调一致的配合，一个流动性比较大的足球队伍，在比赛的过程中更加容易取得比赛的胜利。

③选择正确的跑位方向。在进行足球运动比赛的时候，很多情况下比赛的结果胜负往往是由罚球区来决定的，对于两方队员来讲，对方的罚球区是发动进攻的重要区域，罚球区是获得射门机会的重要区域，在跑位的时候更要把握好罚球区的跑位方向。

④掌握跑位时机。如何正确把握跑位时机呢？以下几点是非常重要的。

第一，就是队员之间的默契配合程度，不管是跑位队员还是传球队员，默契程度越高，达到的比赛效果也就越好，要想培养这种默契，就要做到以下两点。

首先，掌握控球权的队员在传球的过程当中，要时刻关注周围己方队员的跑位情况并且选择恰当的时机进行跑位，这时，传球队员要在视线范围之内选择出一名最优的接球队员。

然后就是跑位队员在进行跑位的过程中，要与传球队员之间进行目光交流，跑位队员要善于发现空当，找到合适的机会之后，意会到传球队员的意图，传球队员在传球的过程中也要时刻保证传球的隐蔽性。

（2）创造和利用空间的跑位

①如果跑动且牵动防守者跟随移动，所创造的空间就可由另一些进攻者利用。如图5–2–1所示，②号就是利用了③号创造的空间从而得到进攻的有利机会。

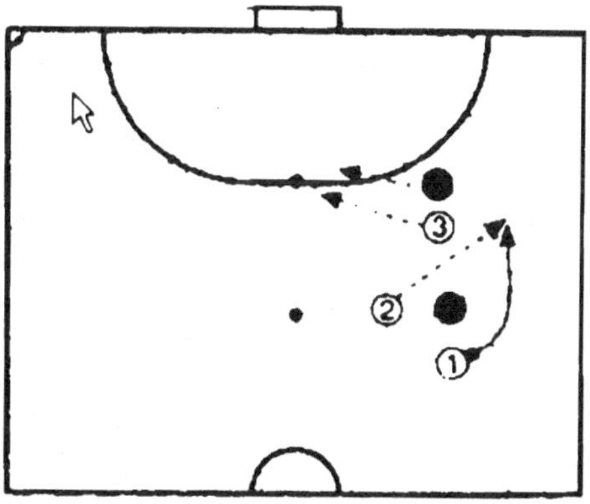

图5–2–1

②在30×20米方格区域内，设一个活动球门，在该区域中共有6人，其中1名守门员，而方格区域内的人员中可以设2人进攻，3人防守（图5–2–

2）。最初的时候由于技术的生疏，防守可以适当松些，待熟练后就要与实战一致。进攻者也可适当调整，如①③号相交时做交叉配合，①③号相向移动时，①号向空当做反方向传球，②号接球后进行射门，①③号进行包抄。

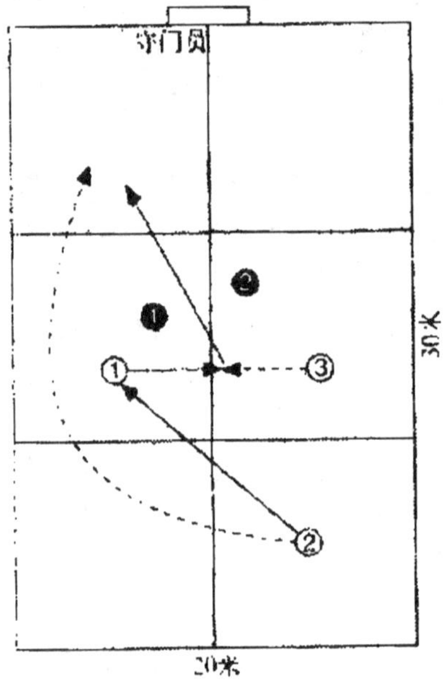

图5-2-2

③如果控球队员在跑动的过程当中，防守队员并没有及时跟随，这个空当，就是传球的最佳时机。如图5-2-3所示，③号就是利用了空间。

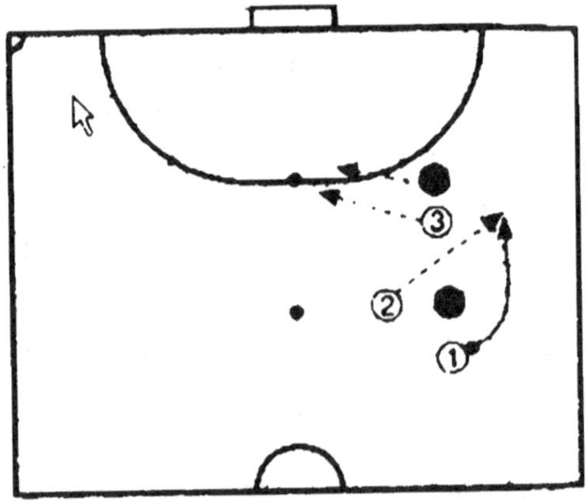

图5-2-3

④如果跑动而且牵动防守跟随移动，所创造的空间可由第一进攻者利用。如图5-2-4所示，②号牵动，①号利用前方空间下底。

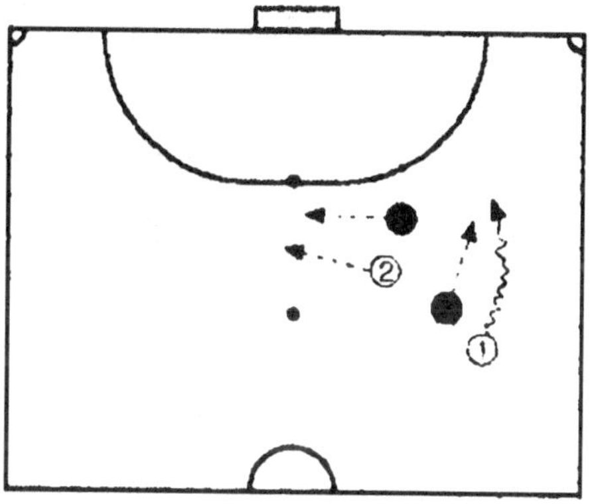

图5-2-4

⑤前锋和前卫配合创造和利用空间练习。前锋队员斜线跑动，能创造可被居后插上的前卫队员所利用的空间（图5-2-5）。其他位置配合创造和利用空间的练习也可以根据本队的战术设想而设计。

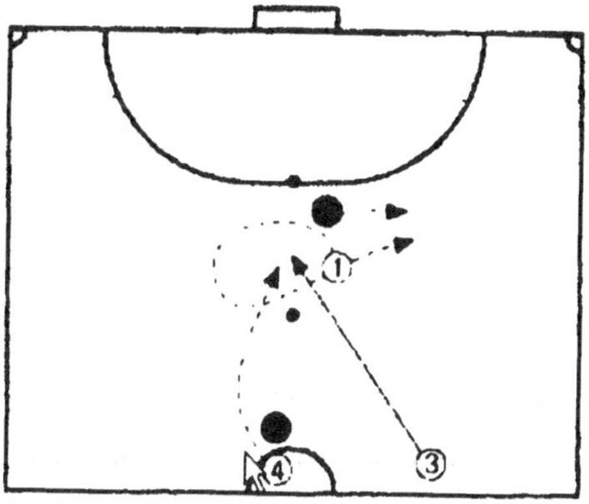

图5-2-5

（3）提高应变能力的跑位

①运用突然变向摆脱对手。进攻者⑧中速向右斜前方跑动，防守者❻紧逼时，⑧突然而快速地转向左斜前跑，摆脱❻的紧逼，接⑨的长传球进攻（图5-2-6）。

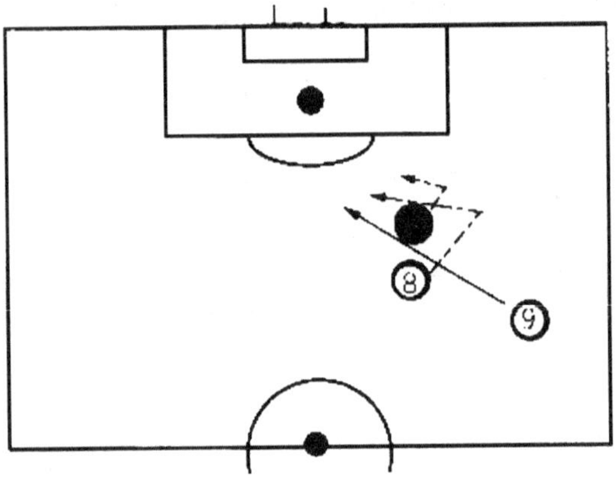

图5-2-6

②运用突停或突启摆脱对手。这种摆脱的方法是进攻者在对方紧跟并根据进攻者的移动而移动时，运用突停作假象，然后再快速跑动以摆脱对手。进攻者⑨快速跑动，防守者❸紧跟不舍，⑨突然急停，然后再快速摆脱❸（图5-2-7）。

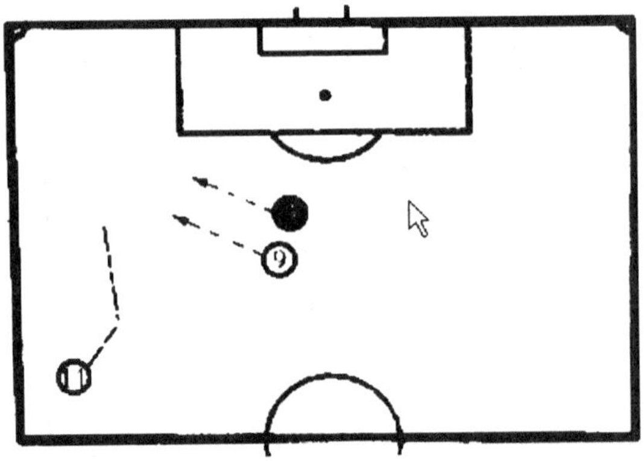

图5-2-7

③运用先压后回摆脱对手的方法。进攻者⑧向前插上，准备接应同伴⑦的传球。当⑧把防守者❻和❸吸引到一起时，便突然转身回跑，摆脱❻和❸的防守，接⑦传来的球（图5-2-8）。

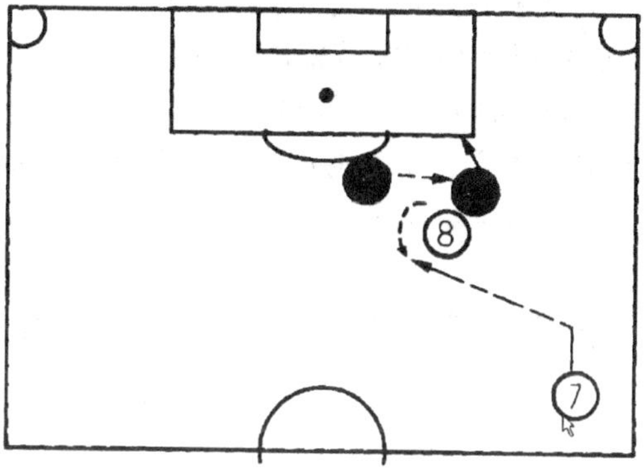

图5-2-8

④运用反切摆脱对手。进攻者⑦向回跑，准备接同伴⑥的传球，把防守者❹引出，再突然转身切入以摆脱❹的防守，接⑥的传球进攻（图5-2-9）。

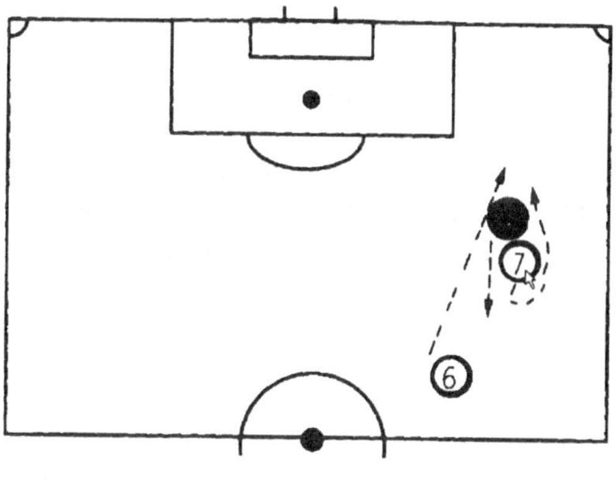

图5-2-9

5. 摆脱

在进行足球比赛的过程中，如果得到对方的球权，就要想方设法获得传球的机会或者是摆脱的机会，积极摆脱对方的防守，方便获得下一回合进攻的机会，更好地执行教练的战术安排，最终在摆脱对方的防守之后继续进行射门动作。

在摆脱对方防守的时候，我们可以采用的方法也是多种多样的，比如突然加速、多次变向、做假动作等等，这几种摆脱方法的使用一定要在保证球员都能适应的情况下进行。场上的空当与传球的时机一般会在很短的时间内就消失，这就要求队员在传球的过程中一定要迅速抓住战机，否则在对手干预比较强的情况下很难完成传球的技战术。

（1）向前跑突然转身向回跑。⑧号向前插进，准备接应⑦号的传球；当⑧号把防守队员❻和❸吸引到一起时，便突然转身回跑，摆脱❸、❻号的防守，接⑦号传球（图5-2-10）。

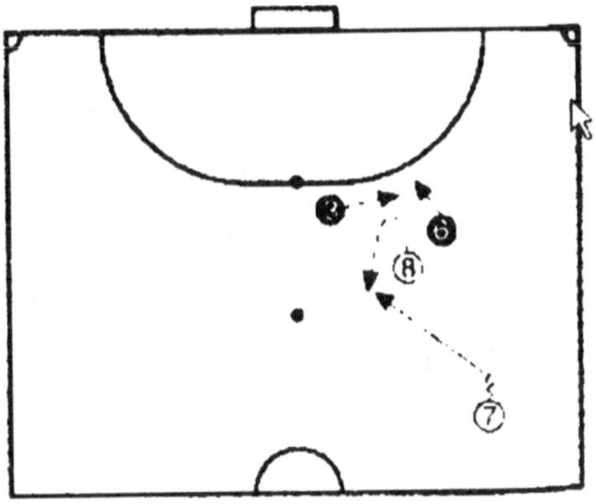

图5-2-10

（2）⑦号向本侧跑去准备接⑥号的传球，把防守队员❹引诱出来，再突然转身切入摆脱❹防守。这种方法等于自己给自己制造空当。对一个跑得快的前锋来说，在较大范围里发挥技术和速度是比较有益的（图5-2-11）。

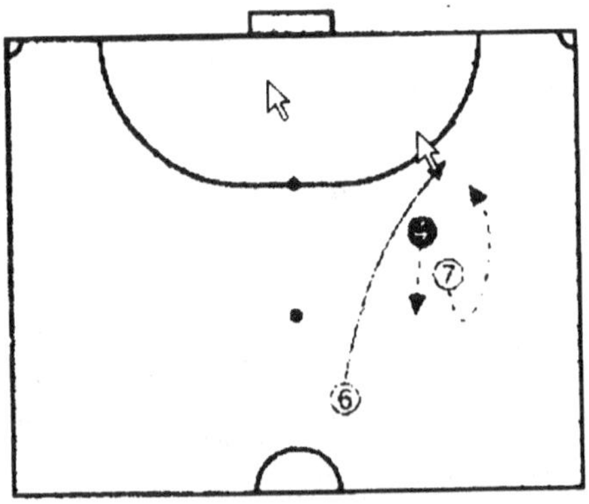

图5-2-11

（3）快跑——突停——快跑。这种摆脱的方法是在对方紧跟进攻者并根据进攻者的移动而进行移动时，可运用这种摆脱方法造成对方被动（图

5–2–12）。

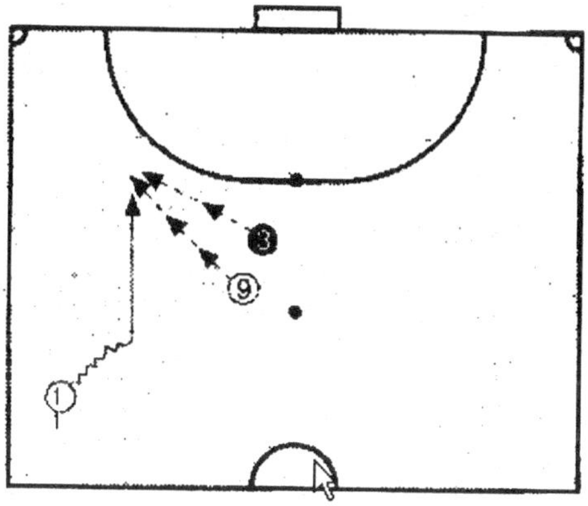

图5–2–12

（4）突然转向右或者向左斜线跑。⑧号开始向一边跑时速度须稍慢，遇防守队员❻紧逼时，⑧为了摆脱❻的紧逼，再转向另一方向跑时要突然快速以便于甩掉对方（图5–2–13）。

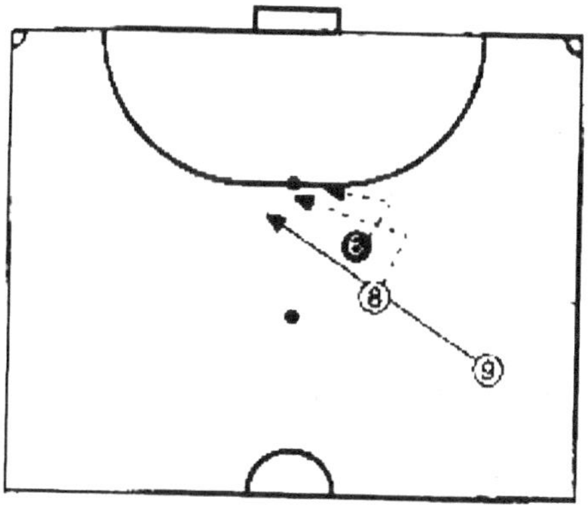

图5–2–13

（二）个人防守战术

个人防守战术是局部防守战术和整体防守战术的组成部分。个人防守战术主要包括选位和盯人两个方面。

1. 选位

在比赛中，由攻转守时，防守队员应立即选择最有利于防守的位置。选位要注意以下几个基本原则。

（1）要想在选位的时候获得比较恰当的站位，对手与本方球门中心所构成的直线附近是一个不错的选择，并且还要拥有清晰观察场上双方球员之间活动情况的能力，对于对手的站位和跑位都能够有清晰的判断，足球的移动方向以及球速都能够做到心中有数，确保球和人能够在自己的视线范围之内（图5-2-14）。

（2）防守队员在站位的时候一定要学会根据场上战术形式的变化以及对方进攻的路线进行相应的调整，找到适合防守的最佳位置。

（3）在二防三的情形下，我们需要安排一名防守队员对持球队员进行紧逼，另一名防守队员则需要采用区域防守的形式进行防守的布置，以此来保护紧逼的防守队员。

（4）在遇到对方以多打少的情况之时，比如“二过一”“三过二”配合，防守队员在没有把握抢断的情况之下，一般情况下都要采取主要向进攻球员的方法，一定不要盲目地进行上扑或者是铲球，而是要将自己的定位在两名进攻队员之间，堵住双方进行传球的路线（图5-2-15）。

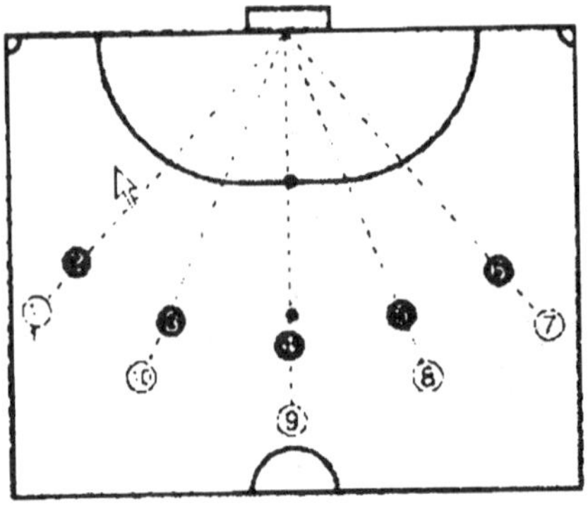

图5-2-14

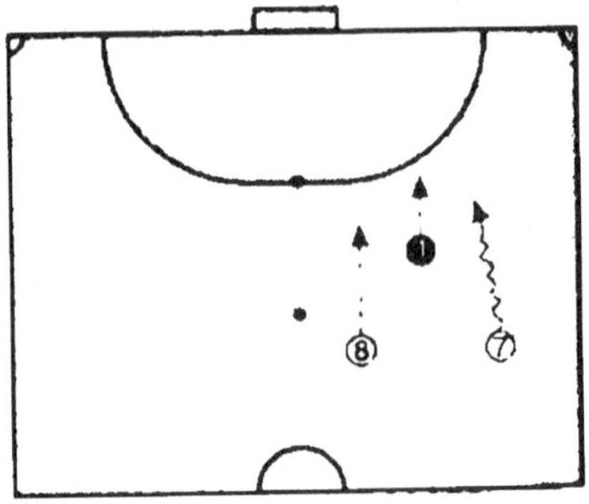

图5-2-15

2. 盯人

盯人就是在足球比赛的过程当中，处于防守一方的足球队员，采用各种方法和技术，对对方球员采取的一对一的盯防战术。这种战术的主要目的就是对对方球员展开有针对性的严密的战术控制行为，最大限度地降低对方的进攻力度。

在足球运动中，盯人战术的运用是最为常见的方法之一，盯人战术同时也是其他综合性战术的重要组成部分。通常情况下我们可以将盯人战术分为紧逼盯人和松动盯人两种形式。

紧逼盯人战术就是防守队员不给进攻队员任何的活动机会，这种情况主要是禁区防守。松动盯人就是攻防之间有一个相对固定的距离，只要是在随时能够拦截或抢球的范围内即可，这种盯人方式主要运用于与对手距离较远的情况下。

（1）盯人的基本原则

①盯人要分清进攻人的威胁程度。对于离球或者球门较远又不可能接到球的对方队员可采用松动盯人。

②对有球队员及其附近可能接球的进攻队员和本方罚球区附近的对方队员都要采用紧逼盯人。

③盯人时防守球员要始终处于启动状态，身体重心应稍低，切忌不要双腿站死。

④对于速度快，反应快，而防守队员不及对手的情况下，不要紧逼。

（2）盯人队员的注意事项

①防守者必须根据比赛中球的位置，站位于被盯者和本方球门线中点的连线上，并且要根据场上的具体情况，和球保持适当的距离。

②盯人者一般情况下都会在一些比较稳定的区域内根据所盯防对象采取一定程度的来回跑位，这也是现代足球比赛最为基本的要求，但是盯人者在进行防守的时候，肯定会出现这样或那样的防守漏洞，这就要求防守人在防守好自己位置的同时，盯住可移动区域内其他人的防守情况，条件允许的情况下进行及时的补防，切实保证防守的有效性。

③防守者在盯人的时候一定要注意观察周边的战术变化以及局势变迁，保持高度的注意力，对于进攻者所要进攻的路线能够有一个明确的判断，提前准备，随时对被盯者进行干扰。

④盯人者还需要具备的另一个特殊素质就是随机应变的能力，当同伴在防守过程中遇到一些比较难防的对手，这时可以进行协防，执行围抢战术，当附近出现比较好的截击机会之时，可以马上进行阻击，各个负责人盯住自己所要防守的队员是获得比赛胜利的重要条件之一，同伴之间根据场上比赛形式的变化，调整防守的位置，灵活地去协助他人进行防守，也是提高防守质量的重要手段。

⑤在盯人的过程中，运动员所付出的体力要比进攻的过程中大得多，所以，教练员在盯人的过程一定要使用适当的球员进行盯防，一旦出现体力不支的情况，可以适当地减少争抢，以保证剩余比赛时间的体力充沛。

二、整体战术

（一）整体进攻战术

整体进攻战术，是指参与进攻的人数较多、进攻面较广的战术配合。整体进攻战术主要有以下几种。

1. 边路进攻

边路进攻的主要特点通常都表现在进攻区域中，随着人们对于足球运动认识的不断加深，人们逐渐意识到球门的中路地带是对球门威胁最大的区域，所以在今后的比赛过程中人们都要集中注意到球门中路的一些防守方法，对于两边路的防守可以适当放松防守，但是也不能完全放松，在这种防守理念之下，进攻一方便有了可乘之机，进攻球员可以在边路进行攻击，边路进攻通常都是以下底传中或者是内切传球的方式进行的，所以，从这个维度上来讲，传球质量的高低在一定程度上就会决定进攻的效果。

边线传中对于时机的掌握是非常重要的，当最好的射门位置被己方队员占据或即将占据，此时就是边线传中的最好时机，这个时间点对于射门的成功率来说有很大的提高作用。这时候，传球的队员要随着防守队员向球门方向跑动，传球的速度要快，时间要及时。从另外一个角度来讲，下底传球中的落点一定要进行认真的思考，传中的落点通常会有罚球点、中门门柱以及远门柱的位置，另外来讲，远门柱的区域同时也是进行传中的主要落点。

边路进攻中主要包括边线传中（图5-2-16）和切底回传（图5-2-17）两种形式。

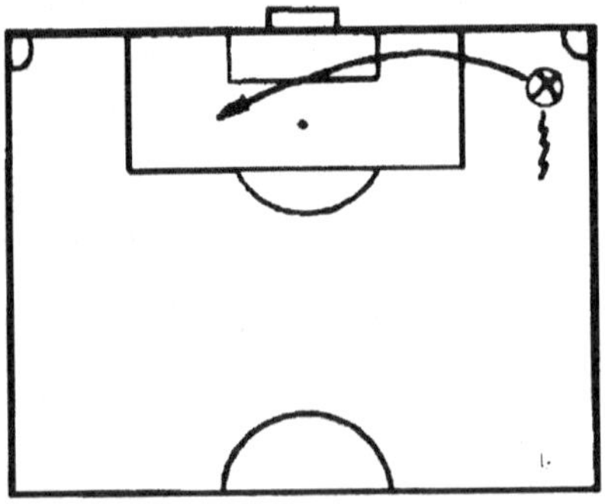

图5-2-16

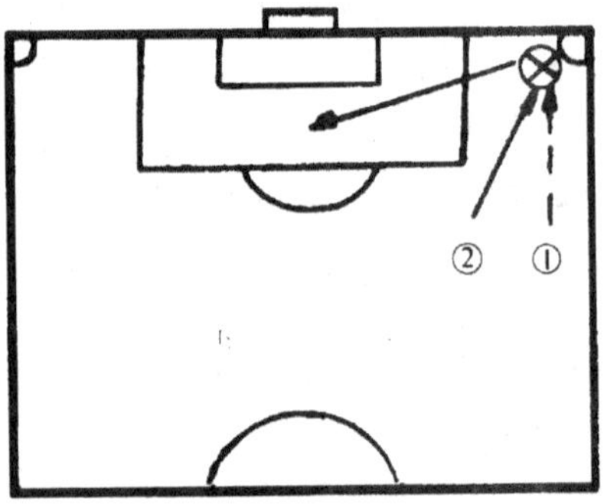

图5-2-17

2. 中路进攻

中路进攻就是由中路球员所发起的进攻，中路进攻是进攻发起点与攻击点直线距离最近的两个点，一旦通过中路进攻的方式突破对方的防线，那么，这个进攻威胁是非常之大的，获得射门机会也是非常多的。但它的缺点也很明显，那就是这一区域通常是防守的重点区域，对方可能会安排多名队员在此进行防守任务，由此可见，突围的难度之高。总体来讲，中路进攻方式是所有进攻方式中威胁最大的一种，同时也是对个人技术和团队配合能力要求最高的一种进攻方式。

3. 阵地进攻

阵地进攻是一种有组织、有步骤的全新进攻形式，通常发生在对方出其不意抢球的过程当中。这是一种更加谨慎的一种进攻打法，相对来讲这种打法的稳妥性与准确性要比其他打法更好一些。一般来讲，只有那些战术素养良好，技术能力过硬的足球运动员才能够在比赛中掌握进攻的主动权。

4. 快速反击

快速反击战术通常发生在对方全力发起进攻的时候，特别是当后卫压到中场的时候，防守人数会有很大程度上的减少，所以，在进攻一方留下空隙的时候，会给对手很多可以利用的机会，防守方如果能够在这个时候抓住防守的机会，将球断下，或者是在防守方退防的时候，利用对方的失误，来发动快速反击，这样就会给对方致命的打击，破坏掉对方进攻的节奏，反被动为主动。

（1）快速反击的条件

①任何一支足球队伍当中都要有一到两名“尖子”队员，要求不管是在技术或速度方面，还是在突破能力和随机应变方面都要有突出的条件。

②队员能迅速抓住赛场上稍纵即逝的反击点和突破口，并抓住机会即使反击。

③传球次数控制得当，尽量减少传球次数，增加传球的成功率。

④一旦突破，队员之间的配合要及时。

（2）快速反击的时机

①抢到对方的脚下球后。

②抢截到对方不准确的传球后。

③对方进攻中犯规而被罚任意球后。

（二）整体防守战术

1. 人盯人防守

人盯人防守就是指在一个足球队中，所有的运动员都要有赛场上的固定盯防对象，自由人除外。该战术的特点就是比赛中每一位进攻队员无论是在身体上还是在心理上都会有一定的压力。但是从这些年的足球比赛中，我们不难发现人盯人防守正在逐渐淡出历史的舞台，在运动员进行人盯人防守的过程中应该注意以下几点内容。

（1）队员和盯防对象之间的作战能力要匹配。

（2）相同球队的队员之间要相互配合。当一人的盯防出现失误或差池，附近的队员要在不影响比赛的情况下，要机动灵活、反应迅速对他的盯防工作进行补充，以保证整个队伍防守的严密性。

（3）足球运动是一项非常消耗体力的运动，尤其是在防守过程中，防守队员要在全场范围内不停歇地奔跑和逼抢，因此体力素质对于每一位防守队员来说都有较高要求。

2. 区域盯人防守

区域盯人防守就是在一场足球比赛当中，不同的队员有其固定的防守区域，他的活动范围也仅限于这些防守区域，当进攻者进入到某位防守队员负责的区域的时候，紧盯这位进攻队员，进而对他将要进行的所有进攻方式进行防御就是改负责队员的主要任务。

区域盯人防守能够明确每个防守者的明确任务，但是这并不意味着人们能够放弃团队之间的协作，当某人防守失败时，临近的队员应该马上进行相应的补位，被进攻队员突破之后，防守队员应该马上与其进行换位，最大限度地保证防守的有效性。这种防守方式的缺点就是队员之间的分工不像人盯人防守那么明确，这也会给进攻者带来很多进攻上的可乘之机。

3. 混合防守

混合防守就是采用人盯人防守与区域防守相互结合的方式进行防守的方式，在比赛的过程中混合防守可以采用后腰盯人，其他球员进行区域防守的防守方式，或者是特指明某一位球员进行盯人防守，其余球员均进行区域防守的方式。在采用混合防守方式的时候，我们应该注意以下几点。

（1）丢球即抢或迅速封堵。

（2）局部紧逼，相互保护，及时补位。

（3）夹击和围抢。

（4）层层设防，保持队形。

（5）切忌在罚球区域或其附近犯规。

（6）重点盯住进攻的组织者和攻击手。

（7）制造越位。

混合防守的使用能够有效地根据战术的需要进行适当的安排，混合防守的种类也是非常多的，能够在一定程度上表现出一定的灵活性，当对方的进攻主要依靠两名前卫进行的时候，防守方就可以根据这种进攻方式，采用对两名前卫进行紧盯的方式，有针对性地进行防守，能够很大程度地提高防守的质量，其余的队员则可以采用区域盯人的方式进行防守。

4. 任意球防守

（1）争取时间

干扰对手发球，以争取时间组织人墙。

（2）组织人墙

人墙的组织并不是随机的，摆设人墙也是有一定要求的。具体如下。

①要根据罚球地点确定排墙的人数。

②人墙应封堵球门近角一侧。守门员主要防守球门远角一侧，并应看清楚罚球队员和球。

③人墙不宜离球太远，以免影响封堵的角度。

第六章　学校体育中篮球教学实践

本章主要从篮球运动技术和战术两个方面进行阐述，旨在全面加强学生对于篮球运动的理解深度与实践运用能力。

第一节　篮球运动技术教学

一、移动技术

（一）移动技术

由于篮球比赛本身就是一项需要运动员来回移动才能进行防守或进攻的运动项目，因此在篮球比赛的过程当中，为了使移动更加顺利，并在移动的过程中保持平衡，争取最有效的比赛效果，运动员要尽最大可能掌握自身姿势在赛场上的改变以及位置、方向、速度和争取高度，而在这些变化中，运动员所采取的脚步动作变化就是移动技术。在篮球运动中的移动技术有多种，主要包括走、跑、急停、转身、跳、跨步、滑步和后撤步等。

1. 起动

在起动的时候首先要上体前倾，在重心前移的同时，脚跟离地，脚掌用力蹬地，双臂有节奏地摆动，迅速向前迈。在进行迈步的时候前两步一定要短促、快速，重心逐渐向前移动，上体慢慢抬起，力争在较短的时间内快速起动，发挥自身的速度优势。

2. 跑

（1）侧身跑

侧身跑时，脚尖指向跑动方向，头部和上体自然向有球方向扭转（靠近边线跑动时，身体向场内扭转），有利于观察场上情况。

（2）后退跑

赛场上的运动员因赛场的具体情况需要后退跑的时候，要上身放松，保持直立，目光保持平视，两臂弯曲，保持平衡，做好随时接球的准备，移动时，前脚掌着地，两腿相互提膝向后移动，屈肘的双臂也相应地前后摆动，在向后移动的过程当中，运动员还有一点就是时刻注意球场上的变化，并做好随机应变。

（3）变速跑

在进行变速跑的过程中，首先体现在动作上的就是要改变自身运动的速度大小，在加速运动的时候，首先要用前脚掌短促有力地向后蹬地，同时上体还要迅速向前倾斜，配合以手臂有节奏的摆动，在刚开始运动的时候，步幅可适当小一些，加快跑步的频率。在减速的时候，上体逐渐抬起，步幅逐渐增大，前脚掌着地，减少向前缓冲的力量，逐渐放慢脚步，降低跑步的速度。

3. 急停

（1）跨步急停

运动员在进行跨第一步的同时，先用脚跟着地，紧接着就过渡到全脚掌触地，随之降低身体的重心，身体稍微后仰；在进行第二次跨步的时候，在脚掌落地的同时，为保持身体平衡，双膝弯曲，向内扣，在脚步不变的情况之下，上身稍微侧转，脚尖张开的角度以运动员的舒适为主，运动员双脚着地的时候，注意抬起脚后跟以前脚掌着地，用力制动，上体后仰，两臂张开，帮助身体保持平衡（图6–1–1）。

图6–1–1　跨步急停

（2）跳步急停

也称一步急停。停步时上体稍后仰，两臂自然摆动，两脚同时平衡（略比肩宽）落地。两膝弯曲，两臂屈肘张开，保持身体平衡。

4. 转身

转身是利用一脚做中枢脚，另一脚蹬地向不同方向跨移，改变原来自身方向的一种方法。

（1）前转身

转身时，中枢脚前脚掌用力碾地，移动脚蹬地并迅速跨步，同时转腰转肩并保持身体平衡。

（2）后转身

向右做后转身时，左脚为中枢脚，重心移到左脚，左脚前脚掌用力碾地，右脚掌内侧蹬地，同时用力向右后方转跨、转肩；右脚蹬地后，迅速从左脚后面跨步落地，身体不要上下起伏。

5. 跳

（1）双脚起跳

两脚自然开立，两膝深屈或微屈，重心下降，两臂弯曲并稍向后摆。起跑时双脚蹬地，两臂用力上摆，提腰展体。落地时屈膝缓冲。

（2）单脚起跳

单脚起跳多在助跑情况下进行。助跑时，最后一步一般较小，用脚跟先着地过渡到前脚掌蹬地，两臂上摆提腰，另一腿屈膝上提，当身体到达最高点时，摆动腿自然下放，落地时屈膝缓冲。

6. 滑步

（1）侧滑步

以向左侧滑步为例。首先要双脚平行站立，双腿稍稍弯曲，保持上体前倾的姿势，双臂向两侧伸出。左侧滑步时，为保证身体平衡，在向左跨出左脚的同时，右脚掌要保持内侧蹬地的状态，当左脚落地的时候，右脚要紧跟其后，在距离左脚一定的距离之后落地，然后左脚再次跨出依次重复。

（2）前、后滑步

前、后滑步的动作方法和要点与侧滑步相仿，只是方向不同。

（二）移动技术训练方法

（1）原地做各种脚步动作，听到信号后突然快速起动练习。

（2）全场徒手一对一。做变向、变速、侧身跑摆脱防守练习。

（3）慢跑3～5步做跨步急停、跳步急停练习。

（4）由攻转守综合性脚步练习（图6–1–2）。

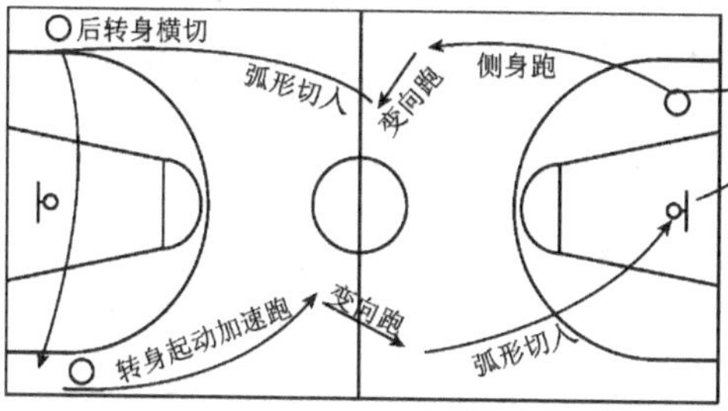

图6–1–2　由攻转守综合性脚步练习

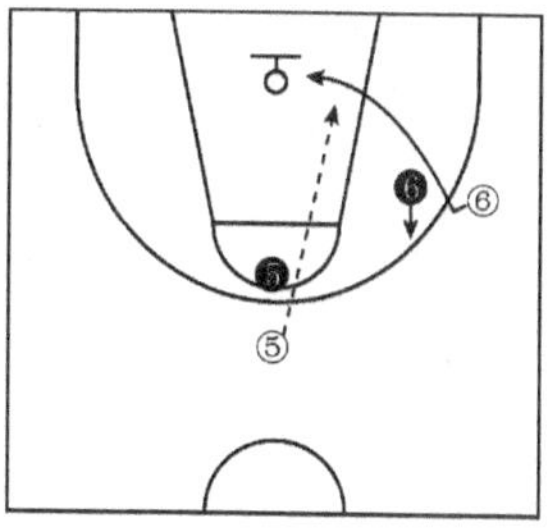

图6–1–3　半场摆脱与防摆脱练习

（5）半场摆脱与防摆脱练习（图6–1–3）。

（6）进攻跑动及换位综合性移动练习（图6–1–4）。

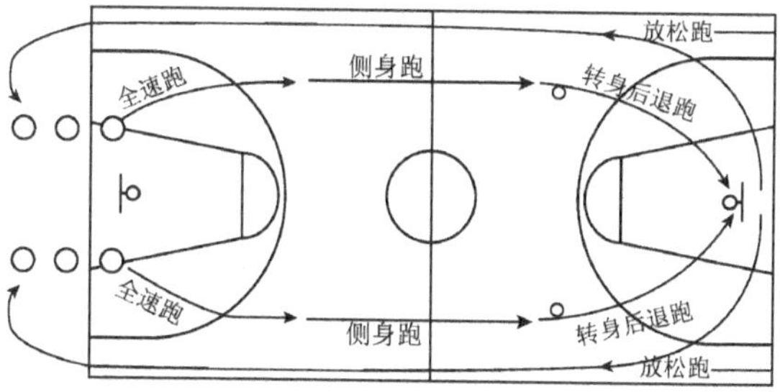

图6–1–4　进攻跑动及换位综合性移动练习

二、接球技术

（一）双手接球

最基本的接球方法就是用双手来接球，双手接球动作也是在比赛中最常用的一种方法，双手接球的优点是握球比较牢固，比较容易进行下一个动作。接球时，运动员的眼睛首先要时刻紧盯来球的方向和路线，两肘微曲，以方便抓到球后，缓冲来球力道，手掌张开，手指自然弯曲，向上伸出，形成半圆形，以方便双手以最快的速度抓球。当手指接触到来球之后，双臂稍屈，缓冲来球的力量，双手持球在胸前。

我们需要特别注意的就是迎接来球的同时一定要保持身体的平衡，不管是传球，还是突破或者是投篮，都要随时做好准备；同时还有一点要注意的就是运动员伸出双臂的角度要根据来球的方向与高度的不同做出随机应变的变化（图6–1–5、图6–1–6）。

图6–1–5　双手接中部位的球

图6–1–6　双手接高部位的球

（二）单手接球

在篮球的比赛过程当中，与双手接球有限的控制范围相比，单手接球可以控制更大的接球范围，不受来球的方向所限制，但是单手接球也有自身的缺陷，那就是当接到来球以后可能会出现拿球不稳的情况，所以，综合各种因素来讲，我们在一般情况下都需要用双手进行接球。篮球运动比赛千变万化，在某些特殊的情况下，我们不得不使用单手接球，单手接球时，根据运动员的具体情况进行接球，接球时，腿迈向来球方向，眼睛注视来球放方向，伸出所要接球的手臂，手掌张开，手指自然弯曲以迎合来球，当受触球之后，手臂要稍微弯曲，顺来球方向向后引，这时，马上将左手扣在球上，双手将球握在胸前，以便进行下一动作（图6–1–7）。

图6-1-7　单手接球

接球是终止球在空中运行的一种方法，无论是单手接球还是双手接球，一定要给球施加一个与来球方向相反的力予以阻挠，使来球的速度逐渐降为零。篮球在接触到手之后，可以屈肘顺势向后引球，同时增加相反作用的力，如果来球的速度比较快，力量比较大，则需要接球人增加迎球的幅度，增加迎球的距离。

三、传接球技术

（一）传接球技术介绍

1. 传球技术

（1）单手传球

单手持球的后下方，利用蹬地扭腰、转肩动作，向前甩臂、扣腕将球传出（图6-1-8）。

图6-1-8　单手传球

（2）双手传球

图6-1-9所示为胸前传球，这种姿势要求双肘于身体的两侧自然弯曲，双腿略成弓步，上身基本直立，球在双手的抓握中位于身体的胸腹之间，目光始终注视着传球目标。

图6-1-9　双手传球

（3）行进间传球

所谓的行进间传球实质上也只在考验传球双方的配合默契程度，在进行传球的时候可以用单手传球，也可以用双手来传球，在进行篮球比赛的时候为了加快进攻的节奏，缩短传球的时间，行进间传球也是一种比较常见的传球方式。

2. 接球技术

（1）单手接球

当来球的角度比较刁钻，不适合双手抓球的时候，就可以单手接球，在单手接触来球的瞬间依靠来球的惯性，收回指胸前，另一只手迅速跟上，成为双肘持球。

（2）双手接球

在进行双手接球动作的时候，首先要双眼注视来球的方向，双臂伸出迎接来求，五指自然张开，拇指呈“八”字形张开，双手呈现出半圆状，当手指接触到来球之后，双臂稍微弯曲，以此缓冲来球的力量，当来球力量比较大的时候，可适当向后引球，最终双手持球在胸前。

（二）传接球技术训练方法

1. 徒手练习

（1）原地徒手双手持球动作的模仿练习。这种训练主要是为了锻炼运动员的手感，也就是没有篮球实物，练习运动员徒手模仿双手持球的动作。

（2）成双手持球的徒手模仿动作，做向来球方向伸臂→主动回收手臂的徒手模仿接球动作。

2. 行进间传接球练习

（1）两人一组进行练球，两人的距离为4～6米，其中一名运动员的位置比较固定，主要的任务就是向不同的方位进行传球，而另一名运动员的任务就是通过移动从不同的方位做接球练习。通过一定次数或时间的训练之后，双方之间的角色要进行交换。

（2）迎面上步传接球练习。也就是运动员列成纵队接受教师传接球的练习，教师与运动员的距离通常是5～7米。排列成队的运动员从排头开始依次与老师进行传接球练习，单次练习过后，跑回队尾，如此往复循环。这种训练方式还同时适用于跑动接球、急停、上步传球等。

（3）全场三人传接球练习。首先三人的队形为三角形，位于中间的运动员要稍微靠后一点，其余两位运动员稍靠前，任何一次传球都要通过位于中间的运动员，传球的过程中注意保持队形。

（4）全场四角传接球。④斜插接⑤的球后传给对角的⑥，并跑到⑥的排尾；⑤传球给④后跑向④的排尾（图6-1-10）。依此反复进行。

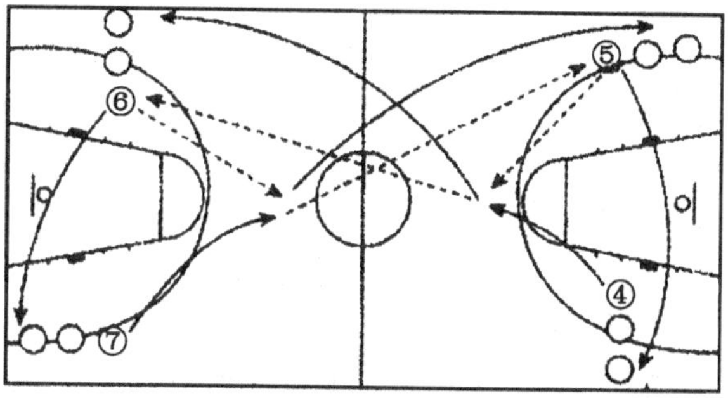

图6-1-10　全场四角传接球

四、中锋技术

（一）概述

中锋队员是指主要活动于篮下的身材高大的队员，或称作在篮下活动的特殊队员。

中锋队员经常运用的动作方法称作中锋技术。中锋技术在进攻或防守中都具有重要的作用。

随着篮球运动的发展和技术、战术水平的提高，更加显示了中锋队员和中锋技术的特殊性和重要地位。由于中锋队员的身体条件、位置选择、活动范围和技术特点，决定了中锋队员是场内高度、速度的代表；是投篮得分和抢篮板球最多的人物；是组织各种战术的灵魂、桥梁和通道；是进攻的重点和防守的最后一道防线；是最容易犯规和使对方犯规的关键角色。

现代篮球比赛千变万化、对抗性强，中锋队员单靠身材高大不能适应比赛的需要。中锋队员必须是既具备身材高大、体质强健，又具备良好的身体素质（即跑得快、跳得高、力量足、灵敏性好）；既具有坚强的意志和勇猛顽强的作风，又具有全面、熟练的技术和能攻善守的意识。中锋技术分进攻与防守两个方面，本章仅叙述其特点、教学与训练理论及方法等问题。

（二）中锋进攻技术

1. 特点与要求

中锋队员在进攻中不仅要具有高超的个人得分的技巧，而且还要具有善于拼抢篮板球的技术和良好的战术意识以及组织全队配合的能力。中锋队员在篮下是以背对、侧对球篮站位为主，必须掌握接球转身投篮、突破以及各种隐蔽传球技术。

中锋队员在篮下移动距离短、攻守贴得紧，身体接触频繁，要求中锋队员必须全面掌握过硬的基本技术、动作变化要多、技术衔接要快、动作突然性强并具有抗干扰的能力。

中锋队员的摆脱移动、选位接球是随球的转移位置、方向、时机而动，有的放矢、攻击对手。

2. 进攻技术

（1）移动

中锋队员在进攻中的移动技术是最基本而又最重要的技术。它是中锋技术的基础，直接影响着中锋技术的发挥和战术配合的质量。

中锋队员进攻移动的路线有横直线、纵直线、折线、弧线和向外线移动等。中锋移动的时机、路线、方向，应根据同伴位置、传球方向、时间以及防守队员的条件而定。其移动的范围小、距离短，所以要求起动突然快速、方向多变、积极抢占有利的位置获球，以达进攻的目的。

（2）投篮

中锋队员在篮下活动，其投篮点离球篮近，对抗性强烈，多是背向或侧向球篮抢位接球投篮。中锋投篮时机一是随接球动作立即投篮；二是接到球后结合假动作投篮。其投篮方式的选择和运用应根据接球的时间、位置和防守队员的条件而确定。有挤投、跳起投、跨步投篮、前（后）转身跳起投篮，后仰投篮、跳起转身投篮、勾手投篮、补篮、扣篮、突破投篮等。

（3）策应

中锋队员在篮下摆脱接球后的策应技术有三种机会，一是投篮；二是传球给向篮下切入或摆脱对手的同伴投篮；三是用高手向外线转移球，创造三分投篮机会。中锋队员策应时，要根据同队队员的位置、传球方向、高度、速度决定自己的接球动作，接球后利用身体和两臂保护球，并利用身体的感觉和眼睛的余光来判断防守队员的位置、距离和行动。与此同时，注意个人和同队队员的进攻机会，及时合理地选择巧妙的、隐蔽的传球方式，准确地将球传给同伴投篮或转移。

（4）掩护

中锋队员在篮下可给另一中锋队员做掩护，也可向外线跑动给外线队员做掩护，创造进攻机会。中锋队员掩护后必须立即转身面向球篮参加进攻。

（5）抢篮板球

中锋队员所处的位置是场上争夺最激烈的中心，是拼抢篮板球主要区域。中锋必须积极摆脱抢占位置，快速及时起跳、抢占制高点、获球补篮、投篮或转移组织进攻。

3. 易出现的错误及纠正方法

（1）移动时机不及时，盲目乱动，失去进攻威力

纠正方法：重复讲解中锋队员移动的特点、方法、点，使之充分认识中锋移动的及时、快速、合理是接球进攻和战术质量的关键环节。可采用二人在外线传接球，教师做中锋示范合理移动与不合理移动，使大家进一步明确掌握移动时机和方法。

（2）移动时起动速度慢，突然性差，缺乏假动作

纠正方法：教学与训练中应反复强调中锋移动时起动速度、突然性以及合理运用假动作的重要性和方法，这是抢占有利攻击位置的必备条件。

训练中教师可给中锋队员施加推、拉的力量或给以语言信号刺激的方法，帮助突然快速起动，并强调运用假动作摆脱对手去抢占有利的位置。

（3）移动抢位接球不稳、不注意保护球。

纠正方法：教师或教练再次示范接球及保护球的方法。可采用外线二人传球，篮下中锋一攻一守，当球传给中锋进攻时，教师或教练可帮助防守者去抢、打中锋手中的球，借以提高中锋接球和保护球的能力。

（4）移动抢位时有挤、推、拉、顶、撞动作，造成犯规

纠正方法：可结合规则学习和训练，强调掌握和运用正确的中锋技术。开始先在慢速中练习，帮助掌握正确的技术规格，逐渐加大难度，提高技术，克服犯规的错误。

（5）投篮时动作过猛、过大，或有附加动作，造成撞人犯规

纠正方法：教学与训练中，中锋队员首先要在全面掌握投篮技术的基础上，再结合中锋投篮特点进行特殊训练。训练时结合规则，强调技术规范，帮助克服撞人犯规的错误。

（6）中锋接球后转身时，中枢脚移动（滑动），造成违例

纠正方法：教师或教练重复讲解、示范接球做前（后）转身时确定中枢脚的方法和规则要求。教师或教练可做消极防守，帮助中锋练习，经常提醒注意中枢脚移动的错误。练习由慢到快、由无防守到有防守、由转身到结合其他技术等综合技术练习。

4. 教学与训练建议

（1）教学与训练中首先应反复讲解中锋队员和中锋技术在篮球比赛中的作用和技术特点。教育和激发他们学习的积极性。其次是帮助学习和掌握正确的、实用的技术。

（2）教学与训练中应特别注意加强中锋移动时起动的突然性、实效性和速度，以及移动时的假动作和方向、路线变化的训练和提高。

（3）教学与训练应狠抓中锋移动目的、时机、方向、路线、抢位、接球、传球以及与外线队员协调配合技术的训练和提高。

（4）中锋队员应在全面掌握投篮技术的基础上，重点提高适合自身特点的几种投篮方式。并应加强弱手投篮训练和在不同位置方向与其他技术相结合创造投篮机会的训练。

（5）在中锋策应技术的教学与训练中，应加强中锋控制球与保护球能力、个人进攻与创造同伴进攻能力、掩护和继续进攻能力以及抢篮板球能力的训练和提高。

（6）培养中锋队员具有快攻意识和快攻技术，力争参加快攻战术，提

高全队进攻速度。

（三）中锋防守技术

1. 特点与要求

中锋队员防守的位置处于篮下，而范围小、距离短。要求防守时必须及时做出准确判断、快速移动，坚决果断采取措施，否则防守失败。

中锋队员防守时是处在场上五名队员位置的中心，要求防守中善于观察判断，树立积极防守的意识，并能协助同伴完成全队的防守任务。

中锋队员的防守是最后一道防线，攻守争夺最为激烈，防守时要主动、积极抢占有利的位置，堵截对手的移动路线，防止接球和投篮。

中锋队员防守时应积极参与拼抢篮板球，他是由防守转入进攻（快攻）的第一传发动者。中锋队员防守时，与对手身体接触频繁，容易造成犯规。

2. 防守技术

中锋队员的防守技术包括防守无球的中锋和防守有球的中锋两种技术。

（1）防守无球的中锋

防守无球的中锋时，应根据外线进攻队员传球的时间、方向、距离、位置，采取合理的脚步移动和手臂动作，去抢占正确的防守位置，积极地堵截中锋进攻的移动路线，防止和减少其接球进攻。其防守方法如下。

①选择位置

A.防守强侧中锋时的选位。进攻中锋位于与球同侧（即强侧）时的防守选位有如下几种方法。

方法一：当进攻中锋距离球篮较近时，防守者应站在进攻中锋的侧前方，防止他的移动路线和封堵接球。

方法二：当进攻中锋距离球篮稍远时，防守者可站在进攻中锋的侧面，积极干扰和封堵接球与向篮下移动。

方法三：当进攻中锋在篮下端线处的位置，而球又在边线与端线处。此时防守者站在对手的侧前或后方，积极干扰和封堵接球，并防止向篮下移动。

方法四：当进攻中锋处于罚球线以外时，防守者可站在对手的后面，并随球的转移而适当调整位置，积极堵截向篮下移动接球路线。

B.防守弱侧中锋时的选位。进攻中锋位于与球异侧（即弱侧）时的防守选位有以下几种方法。

方法一：当球在罚球线以外的右侧，进攻中锋在左侧罚球线附近，防守者应选择在罚球线附近人球兼顾的防守位置，既要能堵住对手向篮下移动路线，又要封堵和断获对方的传球。

方法二：当球在罚球线以外的右侧，进攻中锋在左侧篮下，防守者应选择在人球兼顾的防守位置。既能堵住对手向限制区移动接球路线，又能堵截传向对手的球。

方法三：当球在罚球线延长线附近的右侧，进攻中锋在左侧篮下。防守者应选择在篮下人球兼顾的防守位置，既要堵截对手的移动接球路线，又要封堵和断获对方的传球。

方法四：当球在球场右侧底角，进攻中锋在左侧篮下。防守者应选择在篮下人球兼顾的防守位置。既要封堵对手移动接球，又要堵截和断获对方的传球。

②移动与调整防守位置。防守无球的中锋时，首先必须位置正确、合理，其次是积极移动和调整防守位置，其方法是根据外线进攻队员传球的时间、距离、方向、位置以及中锋进攻时的位置和距离球篮的远近而积极快速移动和调整。常运用的步法有滑步、攻击步、后撤步、绕前步、绕后步、交叉换步、跑步等。防守移动的要求是防守选位与移动相结合，起动与堵截相结合，抢位与堵截相结合，堵截与断球相结合，堵截抢位与抢、打球相结合，堵截抢位与抢篮板球相结合等，使之始终处于人球兼顾的具有攻击性的防守位置上。

③断球与抢球。防守无球的中锋要善于观察判断，把握时机，勇猛顽强地进行断球。如果进攻中锋一旦获得球，防守者应当准确地进行抢、打、封球，阻止进攻。

④协防与补防。中锋队员一般是身材高大，技术全面，防守时处于篮下，应具备协防和补防意识和技术。要求准确判断及时移动，合理协防与补防。

⑤防守掩护（破坏掩护）。进攻队中锋运用掩护进攻时，防守者可采用交换防守配合，或者提醒同队防守者调整防守位置破坏掩护配合。

⑥抢篮板球与反击。抢篮板球是防守无球中锋的主要技术之一，抢篮板球时是利用前（后）转身挡人，空中拼抢。若抢得篮板球应立即发动快攻。

（2）防守有球的中锋

中锋在进攻时获得球（即有球的中锋），防守有球的中锋时防守者应站在对手与球篮之间有利的位置上，根据中锋进攻位置、技术特点，采用有针对性的防守策略和方法。

①防投篮。当对手获球准备投篮时，防守者首先要离对手近一些，用举起手臂的动作积极干扰和封盖投篮。其次是要准确判断对手是跳起投篮或是转身跳起投篮，并及时运用滑步、上步和跳起封盖投篮，落地后立即转身挡住对手，拼抢篮板球，在跳起封盖投篮时，不要被对手的假动作所迷惑而盲目地起跳，造成防守失败。

②防持球突破。防守队员应与对手保持一臂的距离，两脚平行开立，重心下降，两臂伸展。当对手利用转身突破时，防守队员应先向其突破的方向横滑步，堵住其突破路线，迫使改变原来动作的意图，造成进攻的困难。

③抢、打、封球。当中锋接球转身或做假动作时，防守者应准确判断，寻找时机抢、打、封对手手中的球，切忌打手犯规。

④防策应。防守队员应根据对手策应位置和进攻配合，选择合理的防守位置。当对手策应传球时，应准确判断传球时间、距离、方向，位置，主动贴近对手挥动两臂，积极干扰其传球。当对手传球出手时，要及时调整防守位置转身挡住对手，防止其接回传球向篮下切入进攻与抢篮板球，并随时准备断球。

⑤抢篮板球。抢篮板球是防守有球中锋的重要技术之一，中锋有球进攻时处于篮下，如果防守技术好，对对方威胁大，会降低其投篮命率，其抢篮板球的机会就多。要求采用先挡后抢、转身挡人抢并球与同伴配合拼抢篮板球。一旦抢获篮板球立即发动快攻。

3. 易出现的错误及纠正方法

（1）防守中锋的选择位置距离太近或太远，造成防守失利

纠正方法：重复讲解中锋进攻的特点和对无球中锋与有球中锋防守位置选择的要求。教师或教练员可做防守选择位置的方法示范，强调位置、距离。在组织训练时，教师或教练员可站在正确的防守位置处，借以使之进一步认识和掌握正确的防守距离。

（2）防守中锋的移动速度慢，失去正确的防守位置

纠正方法：应加强中锋防守的脚步动作训练，如组织滑步、攻击步、后撤步、绕前步、绕后步、交叉换步等的训练，提高脚步移动的灵活性和速度。可多组织攻守结合的训练，对进攻与防守都提出不同的要求或者采用给以信号刺激的方法，如“快上”“快下”等，帮助提高移动速度，使之始终能保持合理正确的防守位置。

（3）防守无球的中锋时，只顾人不顾球或只顾球不顾久

纠正方法：进一步讲解无球中锋进攻的特点和技术，说明防守时人球兼顾的重要性和必要性。可组织外线进攻队员传球，一人做中锋进攻，另一人做防守。训练由慢到快，由协作到对抗。训练中教师可发出“注意人”或“注意球”的语言信号，帮助培养防守时人球兼顾的意识和技术。

（4）防守有球的中锋时，盲目地抢、打球，造成犯规

纠正方法：重复讲解防守有球的中锋的要求、方法和运用正确抢、打球的时机、技术、方法。运用抢、打球体现了防守的积极性。但必须在判断准确的同时，及时移动抢占位置，善于运用假动作，抓住时机果断行动。否则造成犯规，失去防守的积极意义。可组织一防一的训练，训练中提醒什么情况下抢、打球，通过反复的训练，培养抢、打球的能力和提高技术。

（5）协防和补防意识差，技术动作过猛或迟疑，造成犯规和漏防

纠正方法：讲解中锋防守是在篮下、是最后一道防线。要求全面观察，具备协防和补防的意识和技术。训练中教师或教练员可采用语言提示的方法。如“协防”“补防”“封盖”等。借以帮助培养协防和补防意识和掌握正确、合理的技术。

（6）防守中抢到篮板球缺乏保护球的能力和进攻意识，造成失误

纠正方法：讲解和训练抢得篮板球后，保护球的技术、方法以及转入进攻的意识。训练中可采用二人封堵防守中抢到篮板球的中锋队员，帮助其掌握和提高技术，树立由守转攻的意识。

4. 教学与训练建议

（1）教学与训练中应向学生或队员讲解中锋防守技术的重要性和技术特点。教育他们认真全面学习和掌握防守技术和方法，培养勇猛顽强的意志品质，树立积极防守的思想。

（2）在中锋防守技术的教学与训练中，应加强观察判断能力、快速移动能力、积极抢占位置能力、封盖投篮技术能力和协防与补防能力的培养与提高。

（3）在中锋防守技术的教学与训练中，应注意培养善于根据对手的特点、位置和变化，及时采用相应的防守对策。同时要注意培养与同伴的协同配合。

（4）在中锋防守技术的教学与训练中，应多组织选择与抢占合理防守位置、堵截对手的移动路线、封堵其接球或断球、封盖投篮与堵截突破和

抢篮板球以及发动快攻等技术的训练和提高。

（5）中锋防守技术的教学与训练，应与身体、技术、战术、抢篮板球等训练紧密结合进行。培养其积极防守意识和提高运用技术的效果和战术质量。

（6）中锋防守技术的教学与训练，是在中锋进攻技术帮助下进行的，可采用由协作性到对抗性的训练方法或采用给予条件限制的特殊训练方法，加强攻守对抗性的训练，促进提高攻守技术。

（四）中锋技术训练

篮球运动中的中锋队员和中锋技术是个特殊而又重要的角色和技术。是一个球队的中坚力量、核心人物、组织战术的灵魂。中锋队员的条件、心理素质、身体素质、技术和战术意识的好或差，将对战术质量、战术变化和比赛成绩起着一定的作用和影响。为此，应当引起我们更加重视对中锋队员和中锋技术的训练。现将我们试用的训练方法介绍如下。

1. 中锋移动练习

提示：中锋移动的路线和时机，应根据外线队员的传球位置、方向、时间以及防守队员的位置来决定。要求做到“球到人到，人到球到”。

（1）直线（横向）移动练习（图6–1–11）

方法：如图6–1–11所示，C与B外线队员相互传球，A（中锋）随着C与B的传球变化做移动练习。

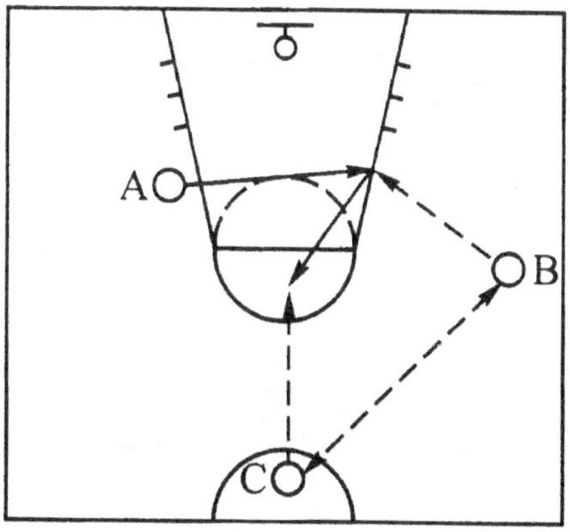

图6–1–11

（2）折线移动练习（图6–1–12）

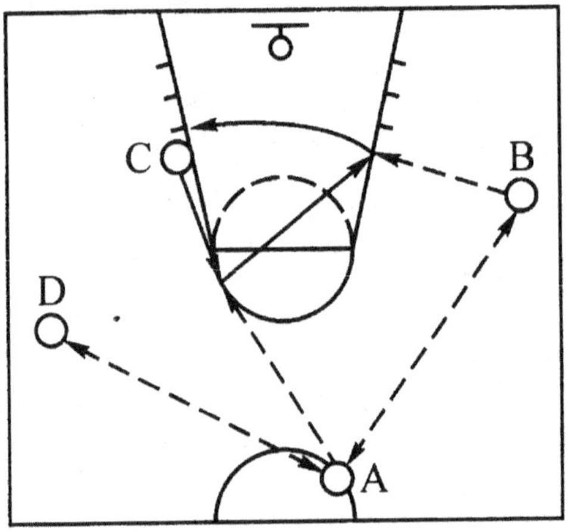

图6–1–12

方法：如图6–1–5所示，A、B、D三队员在外线相互传球，C（中锋）随传球的变化做移动练习。

（3）弧线移动练习（图6–1–13）

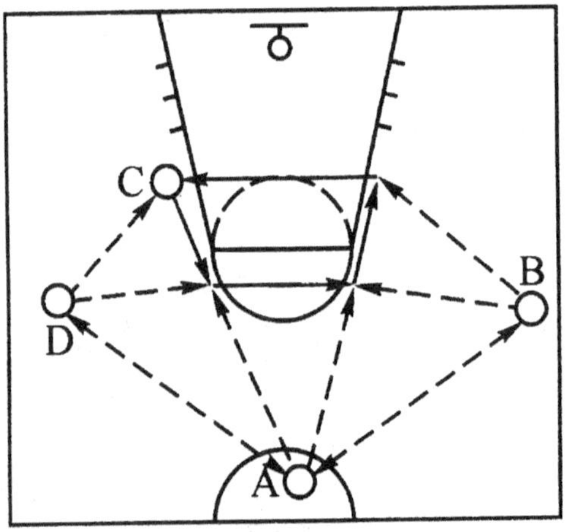

图6–1–13

方法：如图6–1–6所示，A、B、D三队员在外线相互传球，C（中锋）随着传球的变化做移动练习。

（4）向外线移动练习（图6-1-14）

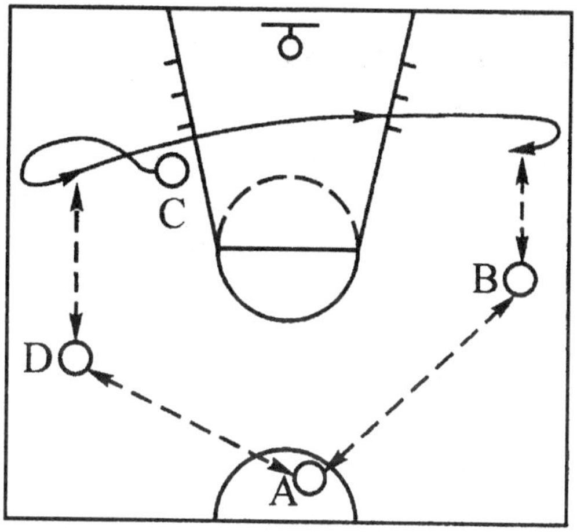

图6-1-14

方法：如图6-1-7所示，A、B、D三队员在外线相互传球，C（中锋）随传球变化做移动练习。

2. 中锋投篮练习

（1）接同侧球投篮练习（图6-1-15）

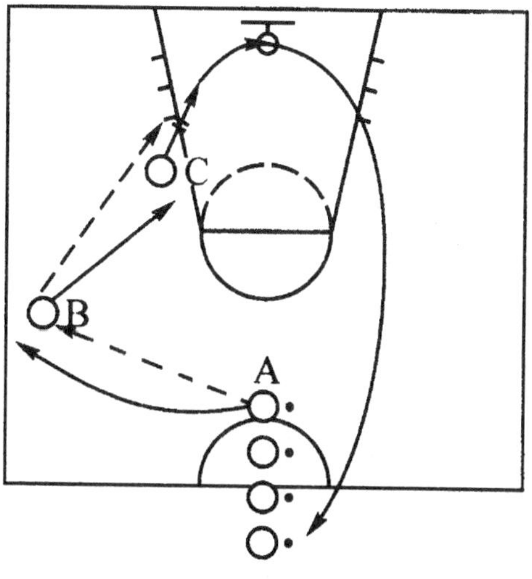

图6-1-15

方法：如图6-1-15所示，A组每人持一球，A传B，B传C投篮。练习结束按顺时针换位。

（2）移动中接同侧球投篮练习（图6-1-16）

方法：如图6-1-16所示，A组每人持一球，A传B，B传给移动中的C投篮。练习结束按顺时针换位。

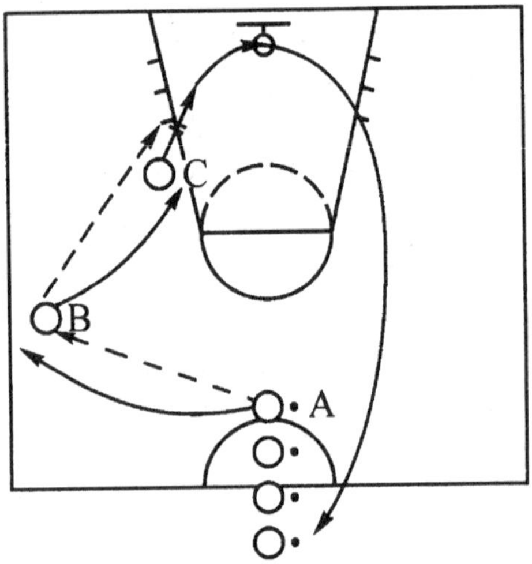

图6-1-16

（3）直线（横向）移动接球投篮练习（图6-1-17）

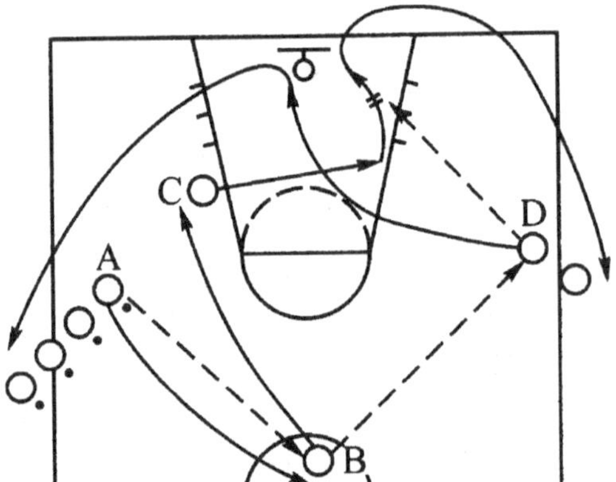

图6-1-17

方法：如图6-1-17所示，A组每人持一球，A传B，B传D，D传给横向移动的C投篮。练习结束按A→B→C→D→A的方向交换位置。

（4）折线移动接球投篮练习一（图6-1-18）

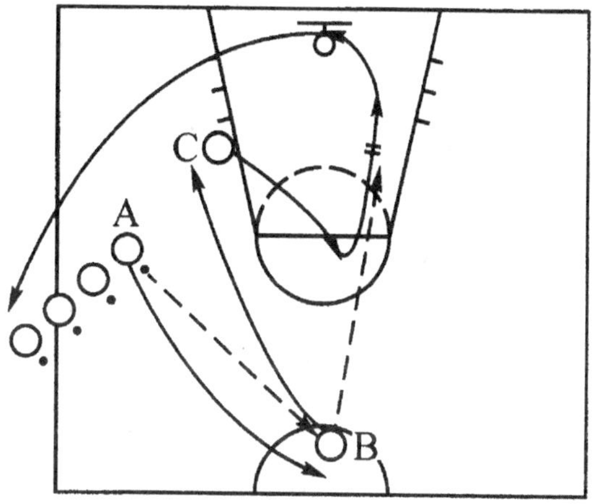

图6-1-18

方法：如图6-1-18所示，A组每人持一球，A传B，B传给折线移动的C投篮。练习结束按A→B→C→A的方向交换位置。

（5）折线移动接球投篮练习二（图6-1-19）

方法：如图6-1-19所示，A组每人持一球，A传B，B传D，D传给做折线移动的C投篮。练习结束按逆时针换位。

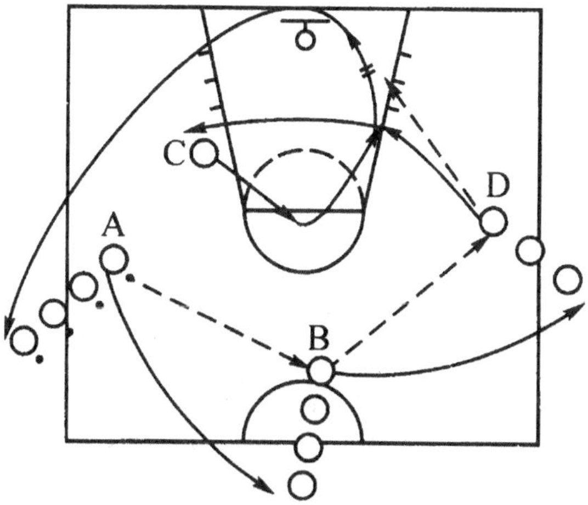

图6-1-19

（6）中锋配合投篮练习（图6–1–20）

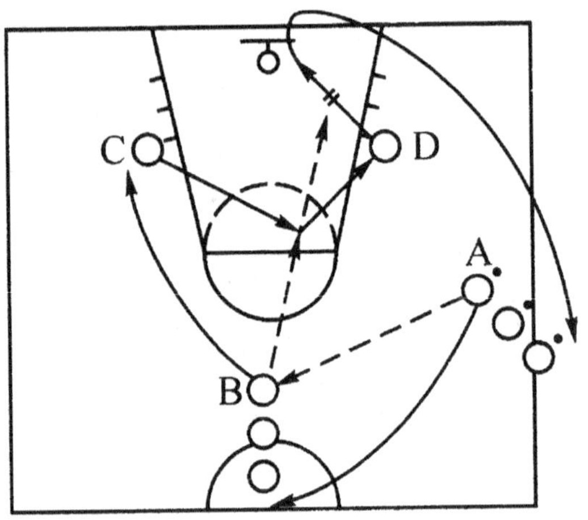

图6–1–20

方法：如图6–1–20所示，A组每人持一球，A传B，B 传C，C传D（中锋）投篮。练习结束按顺时针换位。

3. 突分与中锋投篮练习

（1）突分与中锋投篮练习一（图6–1–21）

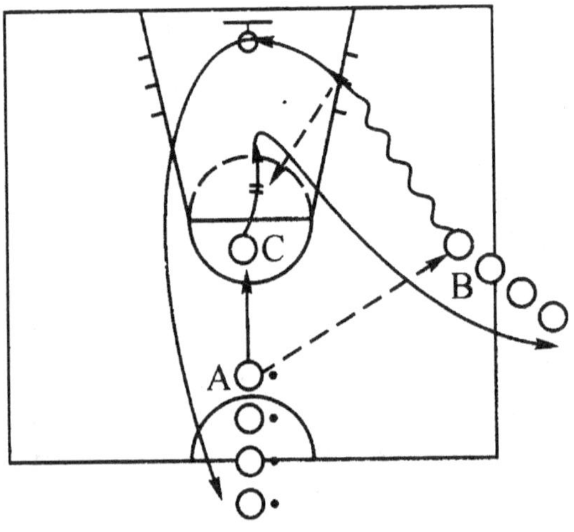

图6–1–21

方法：如图6–1–21所示，A组每人持一球，A传B，B 快速突破中将球分（传）给罚球线处的中锋C投篮。练习结束按A—C。B—A的方向交换位置。

（2）突分与中锋投篮练习二（图6-1-22）

方法：如图6-1-22所示，A组每人持一球，A传B，B快速突破中将球分（传）给向篮下移动的中锋C投篮。练习结束按A→C→B→A方向交换位置。

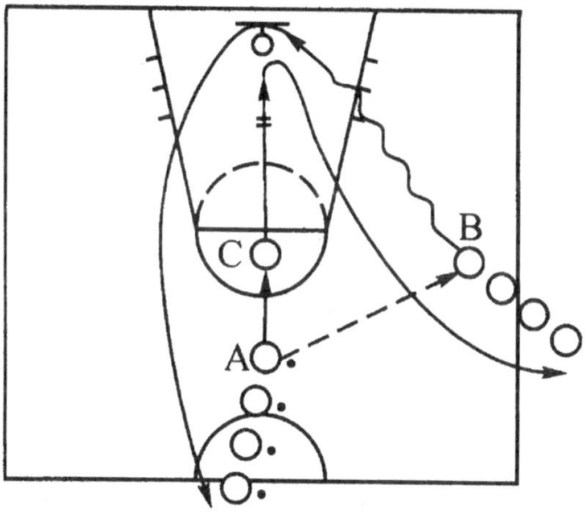

图6-1-22

（3）突分与中锋投篮练习三（图6-1-23）

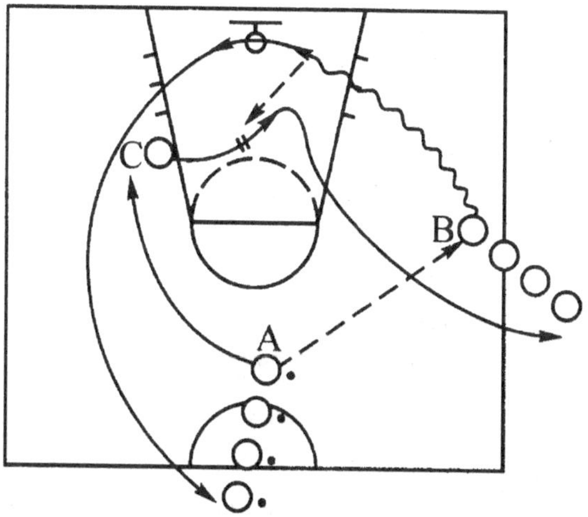

图6-1-23

方法：如图6-1-23所示，A组每人持一球，A传B，B 快速突破中将球分（传）给向篮下移动的中锋C投篮。练习结束按A→C→B→A方向交换位置。

（4）突分与中锋投篮练习四（图6-1-24）

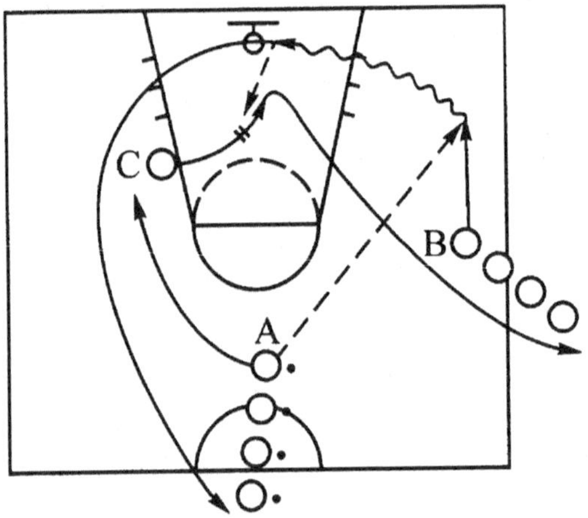

图6-1-24

方法：如图6-1-24所示，A组每人持一球，A将球传给向底线移动的B，B接球快速突破中将球分（传）给向篮下移动的中锋C投篮。练习结束按A→C→B→A方向交换位置。

4. 中锋策应配合练习

（1）中锋策应配合练习一（图6-1-25）

方法：如图6-1-25所示，A组每人持一球，A传B，B 传C，C策应传给B投篮。练习结束按逆时针换位。

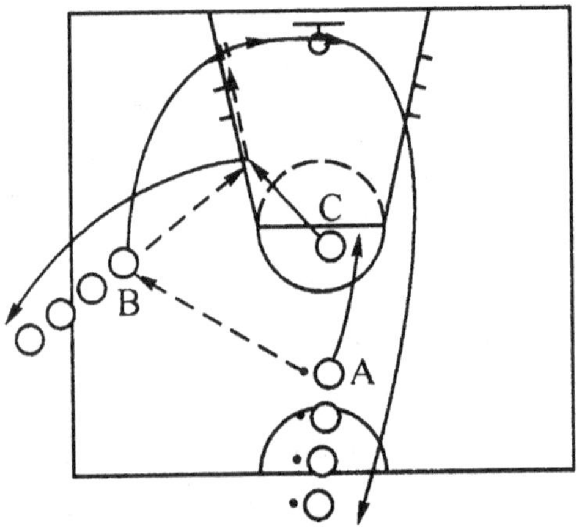

图6-1-25

（2）中锋策应配合练习二（图6-1-26）

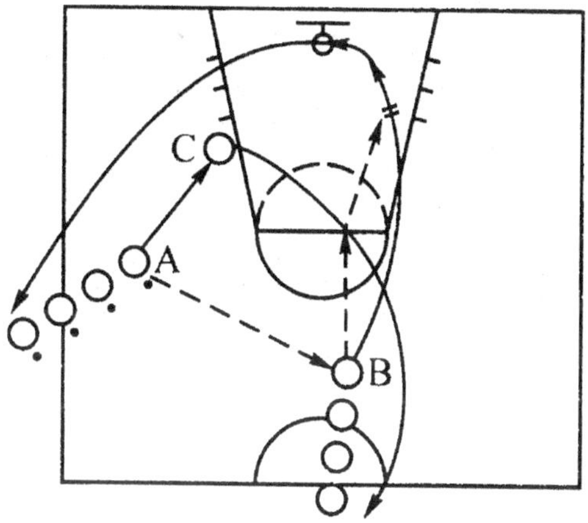

图6-1-26

方法：如图6-1-26所示，A组每人持一球，A传B，B传C，C策应传给B投篮。练习结束按顺时针换位。

（3）中锋策应配合练习三（图6-1-27）

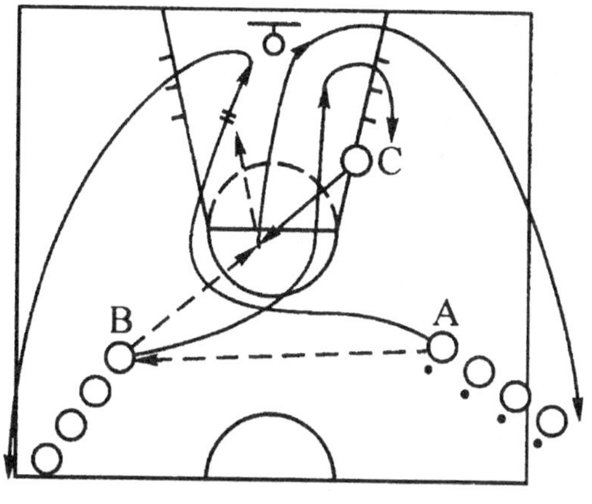

图6-1-27

方法：如图6-1-27所示，A组每人持一球，A传B，B传C，A与B以C为中心交叉空切去接C的传球投篮。练习结束按顺时针换位。

（4）中锋策应配合练习四（图6-1-28）

方法：如图6-1-28所示，A组每人持一球，A传B，B传D，D传C，B与D以C为中心交叉空切去接C的传球投篮。练习结束按逆时针换位。

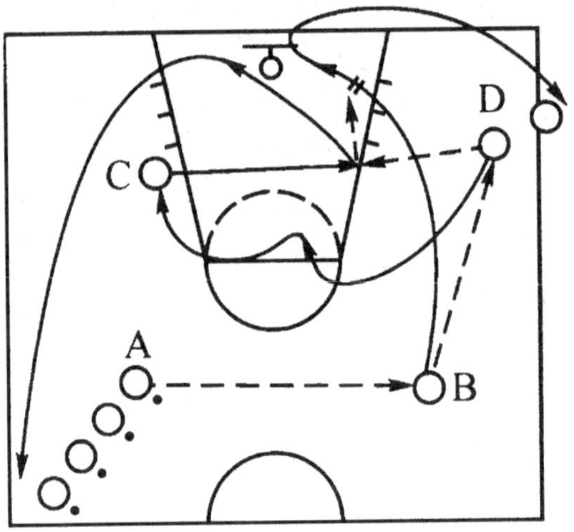

图6-1-28

5. 中锋掩护配合练习

（1）中锋掩护配合练习一（图6-1-29）

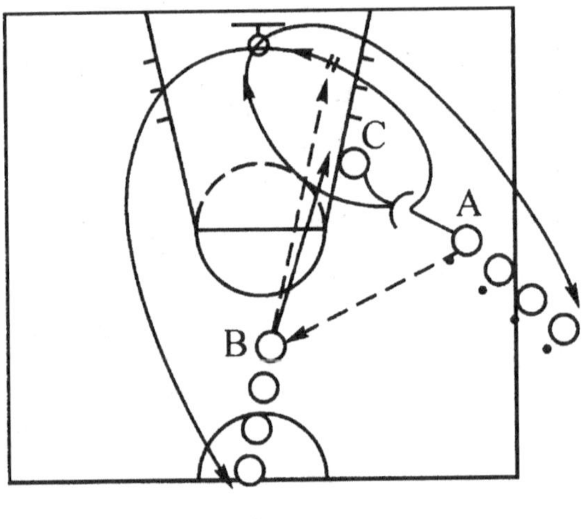

图6-1-29

方法：如图6-1-29所示，A组每人持一球，A传B，C给A做掩护让A向篮下空切接B的传球投篮二练习结束，按A→B→C→A的方向交换位置。

（2）中锋掩护配合练习二（图6-1-30）

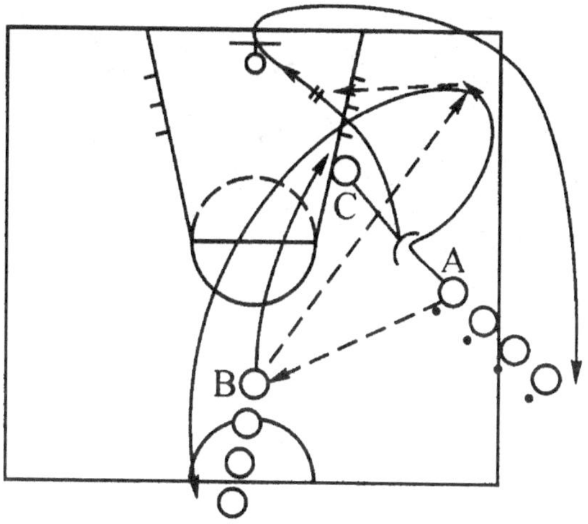

图6-1-30

方法：如图6-1-30所示，A组每人持一球，A传B，C给A做掩护让A向底线移动接B的传球，C掩护后转身向篮下移动接A的传球投篮。练习结束按A→B→C→A 方向交换位置。

（3）中锋掩护配合练习三（图6-1-31）

方法：如图6-1-31所示，A组每人持一球，A传B，C给A做掩护让A向篮下空切，C掩护后转身（横向）移动去接8的传球并分（传）给A投篮。练习结束按A→B→C→A方向交换位置。

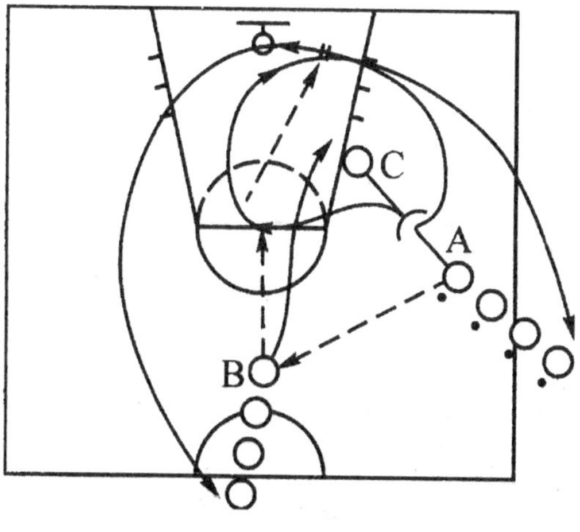

图6-1-31

（4）中锋掩护配合练习四（图6-1-32）

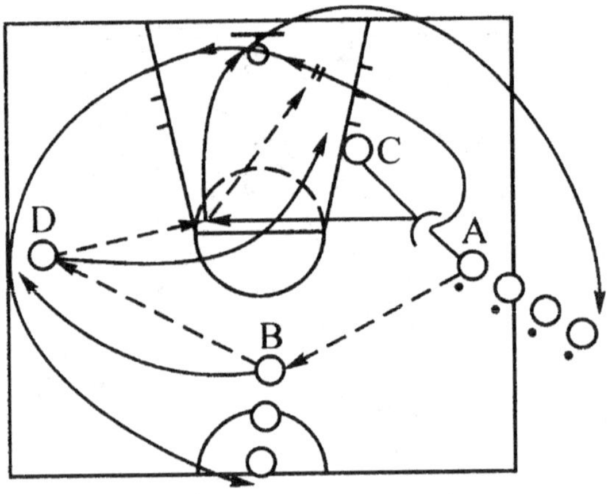

图6-1-32

方法：如图6-1-33所示，A组每人持一球，A传B，B 传D，C给A做掩护让A向篮下空切，C掩护后转身（横向）移动去接D的传球并分（传）给A投篮，练习结束。

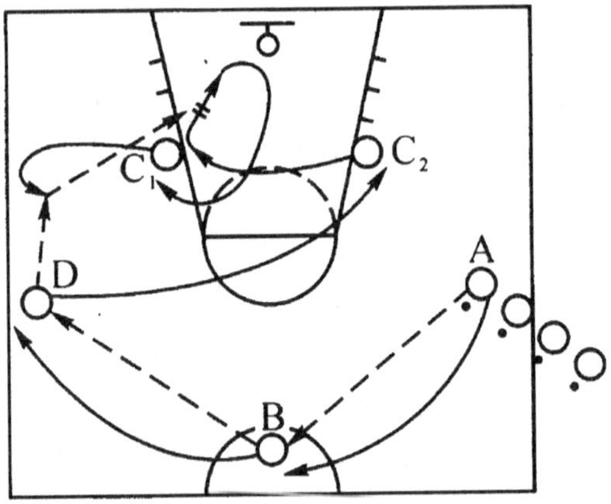

图6-1-33

重点提示：

（1）中锋队员的进攻技术与配合练习后，可增加防守队员，帮助中锋队员练习防守技术（以防守技术与配合为主）。

（2）中锋队员的进攻与防守技术练习后，可组织攻守对抗性的训练，增强对抗意识，促使进攻与防守技术的共同提高。

第二节　篮球运动战术教学

一、进攻战术基础配合

在篮球比赛中进攻队员两三人之间所组成的简单配合方法就是进攻基础配合。这种方法是组成全队整体进攻战术配合的基础。

因此，要使队员的进攻战术配合能力和战术意识从整体上得到提升，首先必须熟练掌握和灵活运用基础配合。

（一）传切配合

传切配合有两种形式，一种是一传一切配合，另一种是空切配合，具体如下。

1. 一传一切配合

⑤传球给④后，立刻摆脱对手❺向篮下切入，接同伴④的回传球投篮（图6-2-1）。

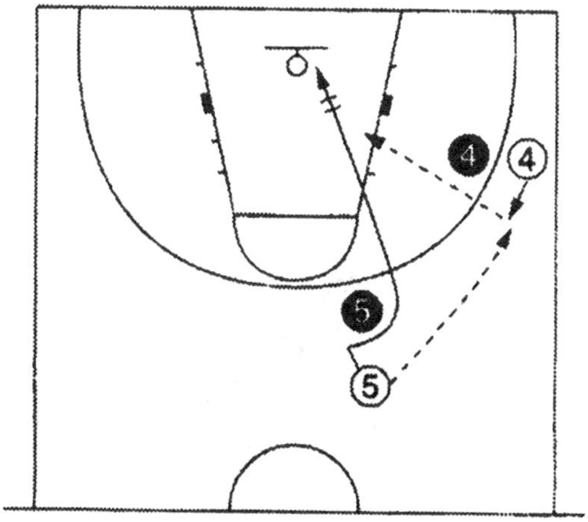

图6-2-1　一传一切配合

2. 空切配合

④传球给⑤时，⑥乘其对手❻不备之机，突然横切或从底线切向篮下接⑤的传球投篮（图6-2-2）。

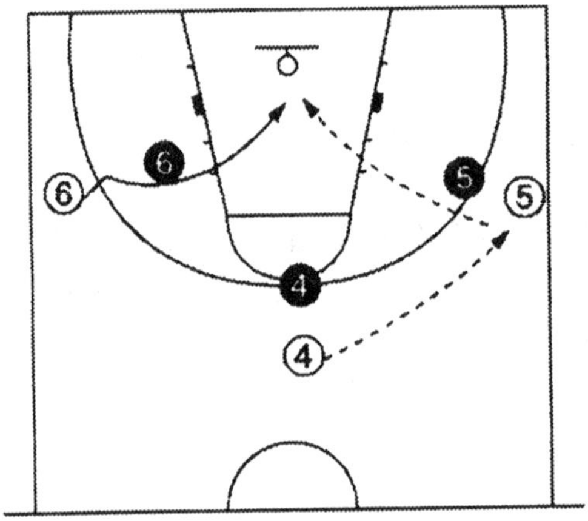

图6-2-2 空切配合

（二）策应配合

一般是高大的中锋采用这个战术，策应配合的运用主要有两种形式，具体如下。

如图6-2-3所示，④传球给策应者⑤，并从⑤身边切入篮下，⑥向底线下压后绕出，⑤可将球传给④做篮下进攻或传给⑥外围投篮，也可以自己进攻。

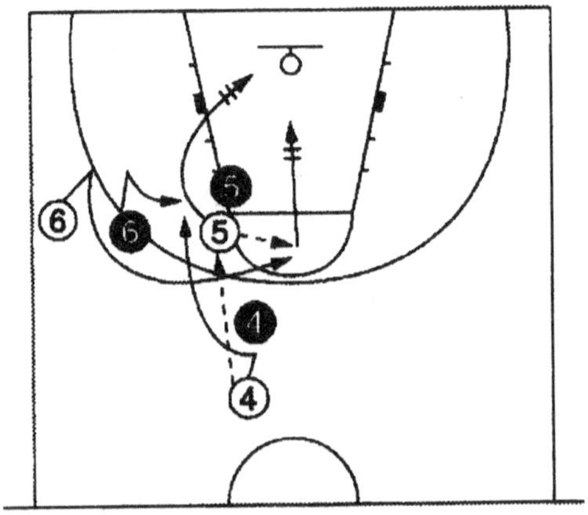

图6-2-3 策应配合（一）

如图6-2-4所示，④摆脱防守插到罚球线做策应，⑤将球传给④，并立即空切篮下，接④的策应传球投篮。

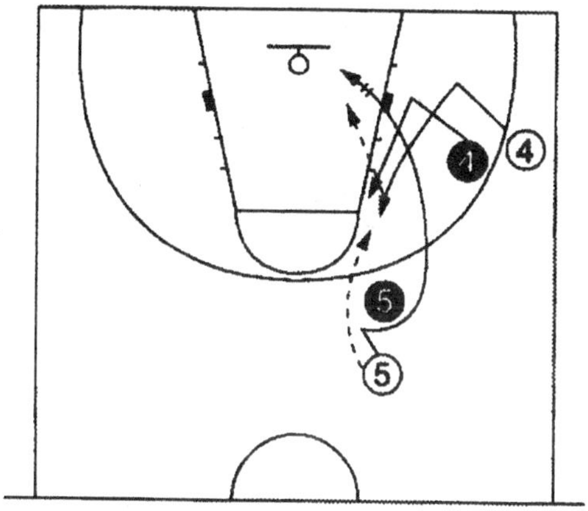

图6-2-4　策应配合（二）

（三）掩护配合

这种配合方法的运动形式很多，可以根据场上实际情况进行灵活的调整和变换，下面就对几种运用较为广泛的掩护配合形式进行介绍。

1. 前掩护配合

如图6-2-5所示，⑥跑到❺的前面给⑤做前掩护，⑤利用掩护拉出，接④传来的球投篮或做其他攻击动作。

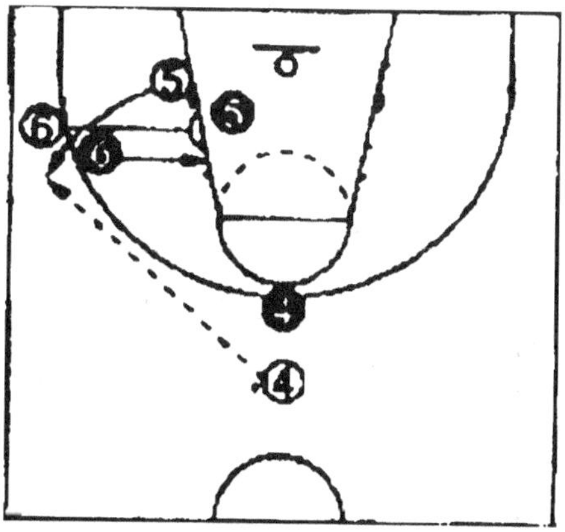

图6-2-5　前掩护配合

2. 后掩护配合

后掩护配合是前锋为后卫做后掩护的一种掩护方式。

如图6-2-6所示，⑤传球给⑥时，④跑到❺身后给⑤做后掩护，⑤传球后做向左切入假动作吸引❺的防守，当④掩护到位时突然向右侧切入篮下接⑥的传球投篮。

如图6-2-7所示，④给⑤做后掩护时，❹与❺换防，④及时转身切向篮下，接⑥的传球投篮（掩护后出现的第二次机会）。

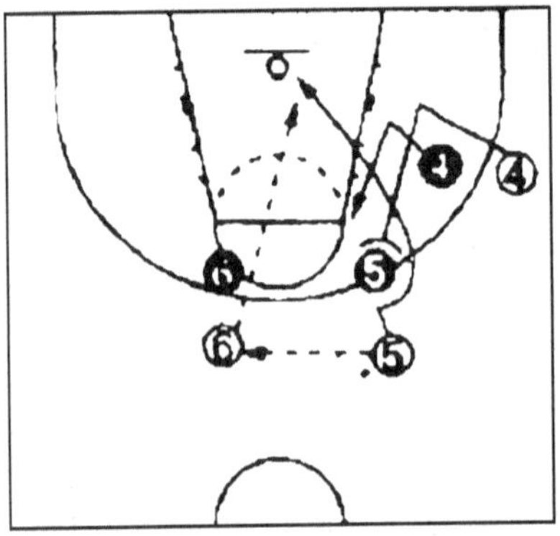

图6-2-6　后掩护配合（一）

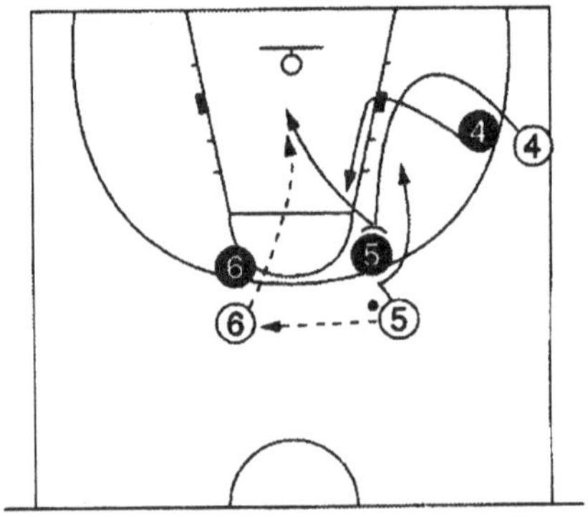

图6-2-7　后掩护配合（二）

3. 侧掩护配合

如图6-2-8所示，给持球队员做侧掩护。⑤传球给④后跑到❹的侧面做掩护，④接球后做投篮或突破的动作，吸引❹的防守，当⑤掩护到位时，④持球从❹的右侧突破投篮。⑤掩护后及时移动到有利的位置去接球或抢篮板球。

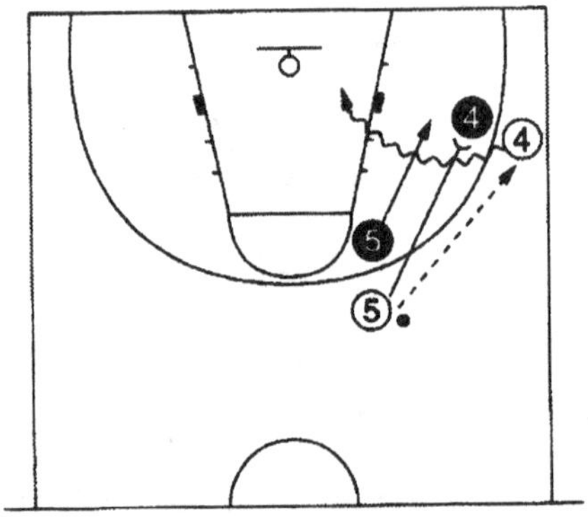

图6-2-8　持球队员的侧掩护

如图6–2–9所示，给无球队员做侧掩护（反掩护），⑤传球给④后即向相反方向跑动给⑥做侧掩护，当⑤跑到⑥侧面掩护位置时，⑥摆脱防守切入篮下接④的传球投篮。

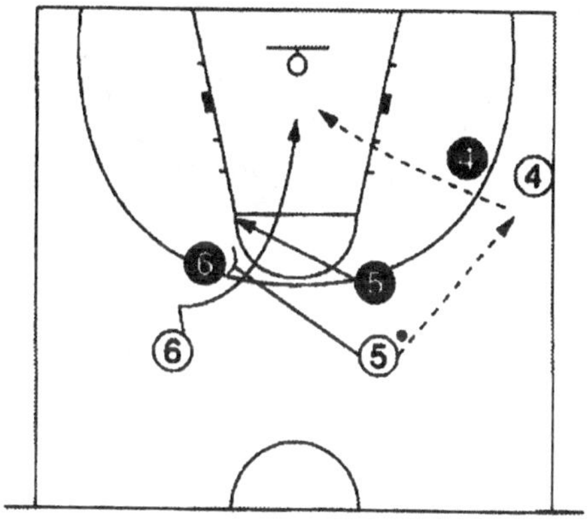

图6–2–9　无球队员的侧掩护

如图6–2–10所示，根据掩护者的移动路线、方法和变化，掩护后经常出现第二次机会。⑤做掩护后对方换防时，④就不向篮下突破而适当向外拉开运球。⑤则及时利用转身把❹挡在身后而向篮下切入，接④的传球投篮。

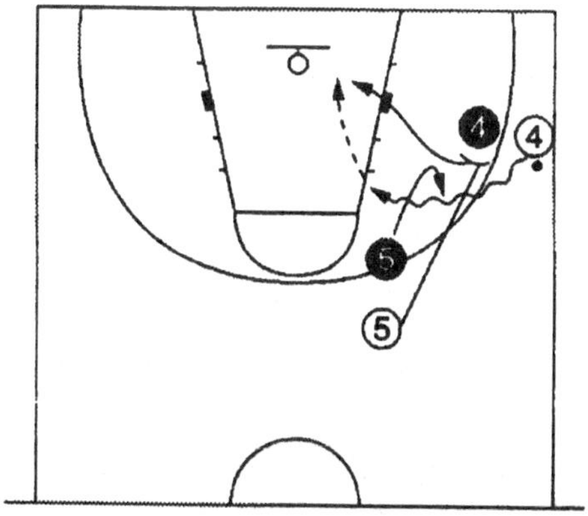

图6–2–10　侧掩护配合

（四）突分配合

突分配合的灵活性较强，在比赛中的运用也较为广泛。

如图6–2–11所示，④持球从底线突破❹后遇到❻补防时，及时传球给纵插到有利位置的⑤投篮。

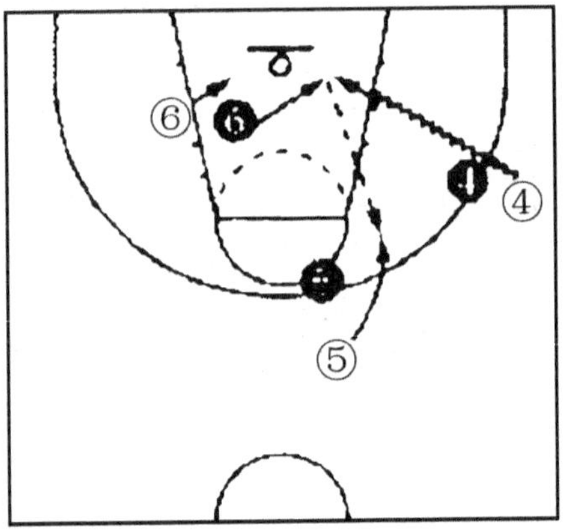

图6-2-11　突分配合

二、防守战术基础配合

（一）防守概述

篮球竞赛规则规定，参加比赛的双方力争将球投入对方的球篮，并阻止对方获球和得分这就说明篮球比赛的过程是进攻与防守相互交替转换的过程。因此，有进攻就必须有防守才可称之为篮球运动，说明防守的重要性和不容轻视。

防守既是进攻的对立面，又是进攻的源泉。在篮球比赛中防守者必须树立积极防守的思想和顽强的意志，并要主动通过抢、打、断球的手段和限制对手的进攻活动去制造失误、违例或投篮不中，力争尽快和更多地获得反击（进攻）的机会。巩固已得分数优势或改变劣势，争取比赛的胜利。

随着篮球运动的发展，防守在篮球运动中的作用和地位愈来愈为人们重视。篮球运动发展先进国家的经验也证明，只有在加强防守训练的基础上，才有可能登上篮球运动的高峰。美国篮球教练认为“表演看进攻，要想赢球看防守”。

1. 加强防守训练需注意的问题

多年来，我国篮球界的专家、学者、教练员等都曾为加强防守大声疾呼。通过广大体育工作者和运动员的共同努力多结合我国的实际情况发展起来的紧逼防守已成为我国篮球运动的三大法宝之一，并在国内外的比赛中发挥了重要作用，由于种种原因，我们在防守方面的成功经验没有发扬光大。各级篮球队或各类学校的篮球教学与训练中空喊加强防守训练，并不认真贯彻指导思想和实施训练。这种挂在口头上的防守更为有害，随着篮球运动的发展，这种现象不能不引起我们的极大忧虑。为加强防守训练，应重新认识和研究以下问题。

（1）应当认识当前篮球运动的特点，当前篮球运动的特点表现为：

①身高和高空优势的尖锐对抗。

②快速（即速度）的尖锐对抗。

③技术全面的尖锐对抗。

④攻与守的尖锐对抗。

⑤身体素质的尖锐对抗。

⑥意志品质和心理素质的尖锐对抗等。

对这些方面重新认识与研究，有利于合理安排和加强防守训练。

（2）应当认识到规则的修改对防守的要求更高若防守质量不高造成犯规，对方就有可能因此得分，甚至由此而失败，规则是教学与训练的指南，是依据，借以促进，提高防守质量和效果。

（3）应当认识篮球比赛的场地，篮球场地上有前场、后场、端线、中线、限制区、场角区、底角区等。这些场、线、区对防守的训练和防守的效果都起着一定的积极作用。在训练或比赛中都要求设法利用。

（4）应当认识篮球比赛是以球作为主体，有同伴和对手共同参加的活动。因此，只有知己知彼，才能百战不殆参加比赛者都是有智慧的人，应考虑他们的复杂可变因素，要求随时根据球、人和球篮的位置及战术需要而调整，以利于防住对手以及和同伴的配合。在防守训练和比赛中认识到这些关系，有利于提高防守的积极性和培养防守意识。

（5）应当认识篮球比赛是在规定的时间内进行的，而且还有三秒、五秒、七秒、二十四秒时间规则，要求防守者充分利用规则提供的有利条件，去限制、制约和破坏进攻者的行动和配合，创造更多的进攻（即反攻）机会

2. 加强防守训练需解决的问题

篮球运动是一项综合多变、全面对抗的竞赛项目，就防守而言，有它本身的内在规律和特点。不遵循防守的规律和特点，就达不到预期的效果。因此，加强防守训练，提高防守质量，培养防守意识必须注意解决好

以下问题。

（1）必须明确指导思想

篮球运动从现象上看，只有进攻才能得分，人们往往只看到进攻这一主要方面，对攻守矛盾在一定条件下的转化却认识不足。当防守已成为矛盾主要方面的时候，还在那里强调进攻，而实际上，没有坚强防守作基础的进攻，很容易被对方的进攻所抵消。由于对此认识不足，所以在实际训练中很少拿出大量的材料来说明防守的重要性，以至于使强调加强防守成为隔靴搔痒。

指导思想明确，在教学与训练的实践中，就应付诸加强防守训练的实际行动。

首先，应克服防守训练枯燥、艰苦、无兴趣的心理障碍，要求从思想上重视防守的积极作用，正确对待防守。

其次，是应合理安排防守训练，改进训练方法，选择多种练习形式，增加练习内容和要求，提高对防守的兴趣和积极性。

（2）必须加强理论研究

重视教材建设以及教练（教师）的培训，切实把攻守平衡的思想贯彻到教学与训练工作中去。在防守的理论研究方面，首先应该认真总结我们的经验。这是我们的宝贵财富，不可让它长期埋没。其次是学习外国的先进经验。学习要有目的性，要结合自己的实际条件和特点，不能盲目地学外国。美国在篮球训练方面总结出“严格技术动作规范，重视防守，强调对抗，培养意识”的经验值得借鉴和研究。再者就是把篮球防守技术的教学训练与运动解剖学、运动生理学、运动心理学相结合，研究防守技术、战术的教学与训练心理状态，培养意志以及各种情况下防守的身体位置、重心平稳、手脚配合、脚步灵活、同伴配合等理论。这样，有了先进的理论去指导实践，才能把篮球运动推向更高的发展阶段。

（3）必须坚持培养勇猛的、顽强的、坚毅的防守意志品质

意志是表现在行动中克服困难、实现既定目的的心理过程。它是人的主观能动性的表现。现代篮球运动从技术、战术的难度和身体接触频繁的特点来讲，对防守意识提出更高的要求，美国篮球教练巴托强调“要敢于摔出去防守”。意思是在防守中要敢于对抗，敢于进行合理的身体接触，变被动为主动，变劣势为优势。

（4）必须强调抓好防守体力的调节和训练

篮球运动的比赛时间长、强度大，对抗强、体力消耗大。体力的好坏与防守能力成正比关系，体力差时防守中出现反应迟钝、配合紊乱、漏洞百出，易犯规，抢、打、断球出现失误或违例等。因此，加强防守必须采

取多种多样的训练手段，提高训练的密度和强度，增强体力。作为篮球队的训练还必须抓紧替补队员的训练和培养，保证他们的体力，使整个比赛在高速度、强对抗中进行。

（5）必须坚持狠抓篮球防守基本功的训练

“功到自然成”在体育界已广泛流传和实践，篮球运动要想有所成就，必须坚持抓好篮球防守基本功的训练。

①抓好防守基本姿势的正确性和易动性，使移动身体时蹬、转、撤、跳等动作发挥最佳效能。

②抓好手臂挥动的目的性和合理性。扩大防守空间面积，起到干扰对手的传接球或投篮的作用。

③抓好腰部控制身体重心平衡的能力，特别是在快速移动后重心转换的平衡能力。

④抓好观察判断对手的能力，这在比赛或训练中都是主要的一环，因为完成任何一个防守动作，都是为了争取时间和空间的主动，所以防守者随时把自己的行动与所感知（即观察）球场上出现的情况（空间和时间，即机会）统一起来，去完成防守任务。

⑤抓好防守的协作配合意识，培养善于根据比赛或训练中的变化情况主动配合，严密合作，发挥防守的最佳效果。

（6）必须坚持抓好有效获球防守训练

篮球规则规定，只有进攻才能得分，积分多者获胜这就规定了进攻在篮球运动中的主导地位。还规定每结束一次进攻，必须进行一次防守，这就是说进攻与防守的机会是均等的。比赛中如何突破这种平衡，从而达到取胜的目的呢？唯一的办法就是进攻多得分，防守少失分，其关键是要增加有效获球的机会，减少被动获球的次数。从比赛的规律来分析，在防守中一是从抢、打、断球和抢篮板球获球，二是制造对方失误和违例中获得球。这都属于有效积极获球。如若在防守中等待对方投中、罚中后获球就是自然（被动）获球，这将影响比赛成绩。因此，在教学与训练中坚持抓好有效获球防守技术的训练，并要提高质量，破坏平衡，增加有效获球次数。

（7）必须进一步抓好综合性防守战术的训练

篮球进攻战术的发展是多变性、移动性，从而防守战术就出现了综合性、多变性。这种防守战术造成进攻队心理上的不稳定，思想上的不统一，行动上的不一致，限制和破坏了进攻。保证了防守的积极性和效果。因此，在防守战术训练中，应提倡百花齐放，多练几套。发扬各种不同的风格和打法，战术的多样化有助于临场战术的发挥和运用。

（8）必须重视提高和培养篮球（防守）意识

要提高篮球技术、战术质量和运动水平，就应经常注意提高战术意识，培养临场观察和判断能力以及在复杂困难条件下随机应变地运用技术、战术的能力及与同伴配合的能力等。在防守中还要处理好攻守关系，做到攻中有守，守中有攻。不仅要善于使用战术，而且还要善于根据比赛、训练情况的变化，灵活地变换战术。要在千变万化的一刹那，能做出正确的判断，正确地决定自己的行动，并要以己之长，攻彼之短，争取和掌握主动权，以保证防守质量和效果，促进篮球运动水平的提高和发展。

（二）防守掩护配合战术

1. 穿过配合战术

通过穿过配合，能够达到破坏掩护配合、及时防住自己对手的目的。这种配合一般在无投篮威胁时运用，其具体战术运用方法如下。

如图6-2-12所示，⑤传球给⑥后去给④做掩护，❺要提醒同伴，并离⑤远一点。❹当⑤掩护到位前一刹那主动后撤一步，从⑤和❺中间穿过，继续防守④。

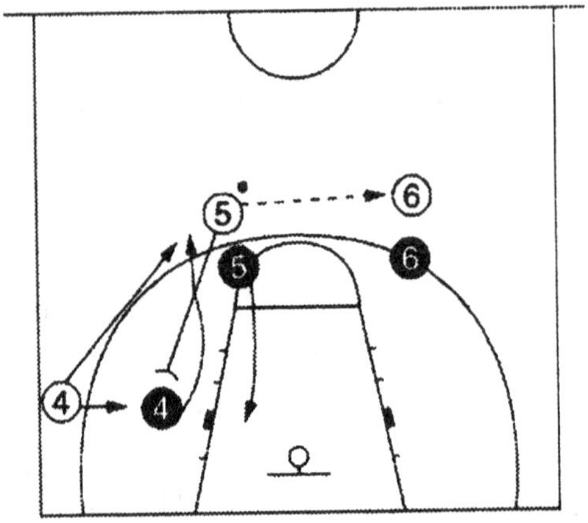

图6-2-12　穿过配合

2. 挤过配合战术

挤过配合是破坏掩护配合的积极有效方法之一。在防守战术中的运用较为广泛。运用得当往往能够取得较为理想的训练效果。

下面主要介绍两种在此赛中较为常见的挤过配合的战术运用形式。

如图6-2-13所示，④传球给⑤后跑去给⑥做掩护，❹发现后要提醒❻注意。❻在④临近的一刹那，迅速抢在④之前继续防守⑥。

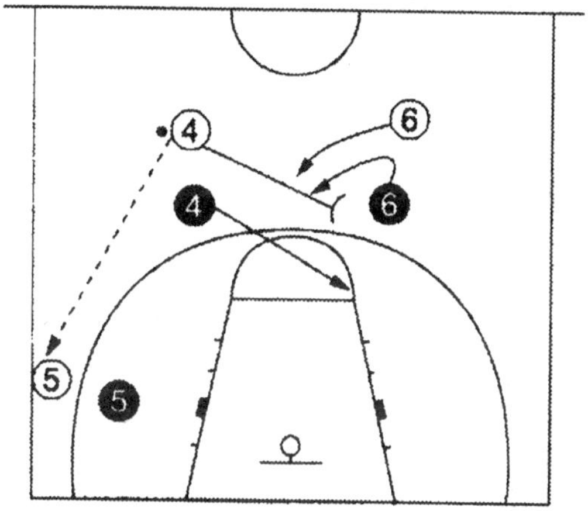

图6-2-13　挤过配合（一）

如图6-2-14所示，⑤接球后向右侧运球，④上前来掩护，此时❹要及时提醒❺，❺在④临近的刹那，迅速靠近⑤，从④和⑤之间抢过，继续防守⑤，❹配合行动。

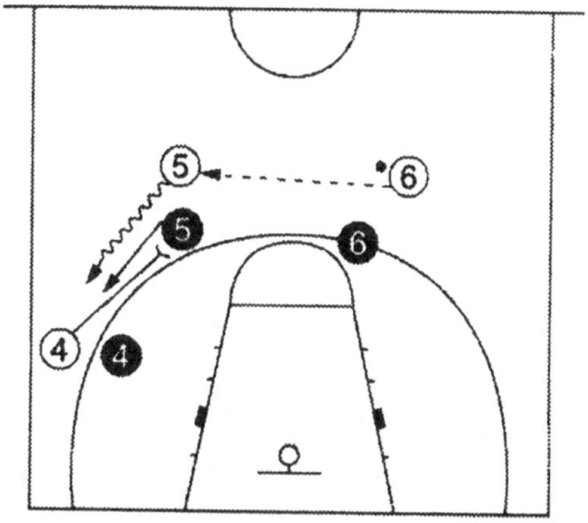

图6-2-14　挤过配合（二）

3. 绕过配合战术

通过绕过配合，能够达到破坏对方掩护配合、及时防守自己对手的目的。下面主要介绍两种在比赛中较为常见的绕过配合的战术运用形式，具体如下。

如图6–2–15所示，⑥传球给⑤并给他做掩护，⑤传球给④后利用⑥的掩护向篮下切入，❺从⑥和❻旁绕过。

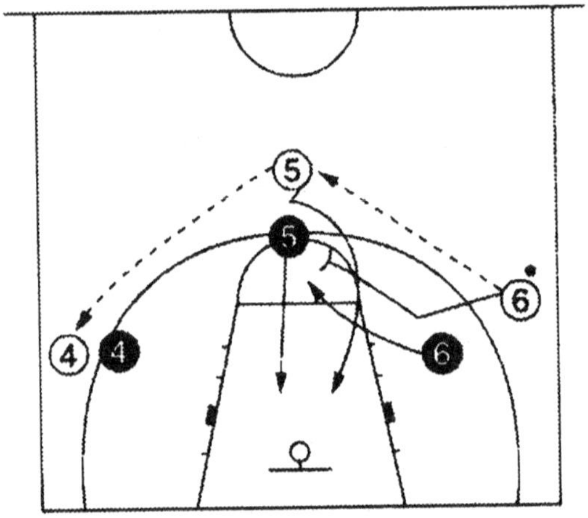

图6–2–15 绕过配合（一）

如图6–2–16所示，⑤传球给⑥后利用④的掩护切入篮下，❺封堵⑤向内切的路线，迫使其向另一侧切入，此时❹要贴住④，❺从④和❹身旁绕过继续防守⑤。

图6–2–16 绕过配合（二）

4. 交换配合战术

下面主要介绍两种在比赛中较为常用的交换配合的战术运用方法。

如图6-2-17所示，⑤给④做掩护，❺要主动发出换人信号，及时封堵④向篮下突破的路线，此时❹应及时调整自己的防守位置，防止⑤向篮下空切。

图6-2-17　交换配合（一）

如图6-2-18所示，④传球给⑤后利用⑥的定位掩护切入篮下，此时❻看到❹被掩护住，应主动招呼同伴换防，❻防④在篮下接球，❹调整位置防⑥。

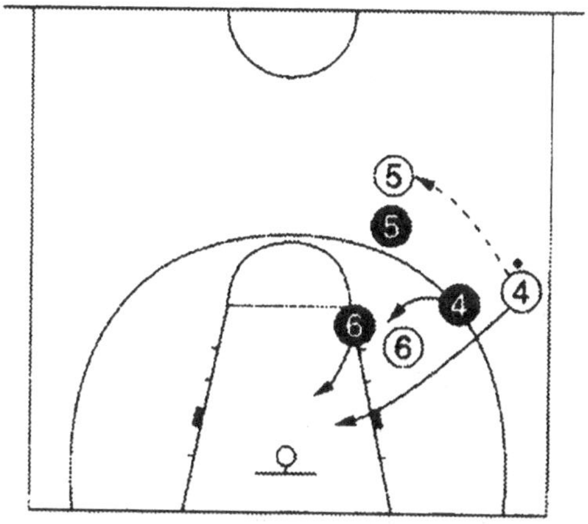

图6-2-18 交换配合（二）

第七章　学校体育中乒乓球教学实践

本章主要从学校体育中的乒乓球教学（技术、战术）角度出发，在阐述乒乓球运动技术与战术的同时，并且对相应的教学建议进行了重新梳理，为学校体育中乒乓球运动教学提供了良好的理论与实践依据。

第一节　乒乓球运动技术教学

一、乒乓球常用术语

关于乒乓球的常用术语较多。我们在这里介绍一些常用的乒乓球术语。这些术语在乒乓球比赛中的解说、乒乓球的教学训练以及书籍、视频中都有出现。只有了解这些术语，你才能听懂行家的话，看懂乒乓球比赛，领略国球的魅力。

（一）落点

我们在看乒乓球比赛时，会听到解说员说“正手位”“反手位”“侧身位”“中路”这样的词，这四个术语是针对球的落点而言，针对的均是以右手持拍为例。左手持拍者相反。

1. 正手位

如果球的落点在图7-1-1中球台右侧的浅色部分里。即称为此方运动员的正手位，包括：手位短球、正手位半出台球、正手位长球。因为一般运动员多对这个区域的来球采用正手技术，所以称正手位。但是，也有一些反手技术出色的运动员会对正手位的来球采用移动步法的方式。运用反手技术回球，比如王皓常用“反手拧”技术来直接进攻对方发在自己正手位的短球，后面的章节我们会专门讲解什么是“反手拧”技术，但这些都不影响我们对正手位术语的界定。

图7-1-1

2. 反手位

如果球的落点在图7-1-2中的浅色部分中，则称为来球在此方运动员的反手位。因为一般运动员会用反手技术处理落点在这个区域的来球。这个区域的来球包括反手位短球、反手位半出台球、反手位长球。

图7-1-2

3. 侧身位

图7-1-3

侧身位的区域与反手位一致。运动员一般是采用步法移动至球台的左侧，用正手技术来处理此区域的来球。尤其是直板运动员，侧身使用正手技术较多。

4. 中路

中路球没有固定的区域，是相对运动员的站位而言。也可以理解为追身球。落点在接球运动员的身体正前方，或正前方偏左、正前方偏右，使运动员无法直接使用正手或反手技术，需要移动步法，或者调整正反手技术动作，因而在一定程度上降低了运动员的回球质量。在线路上压住对方的中路再变换两个大角度斜线是很常见的战术。

（二）线路

直线、斜线是相对于球台而言。斜线相对直线路线较长，但多为运动员或乒乓球爱好者们的习惯线路；直线相对路线较短，在强强相持对抗中变直线，也是常用的战术。

1. 直线

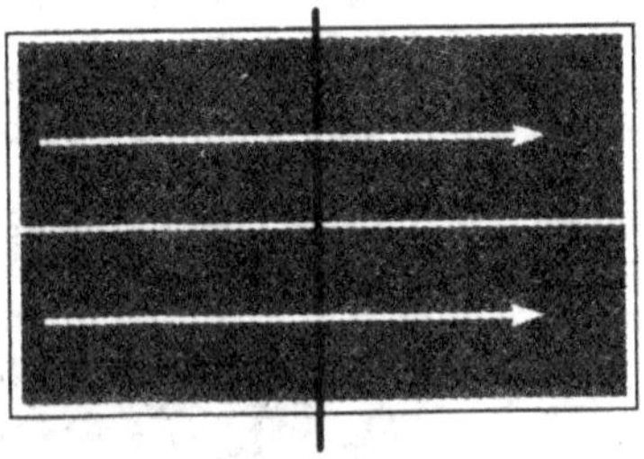

图7-1-4

2. 斜线

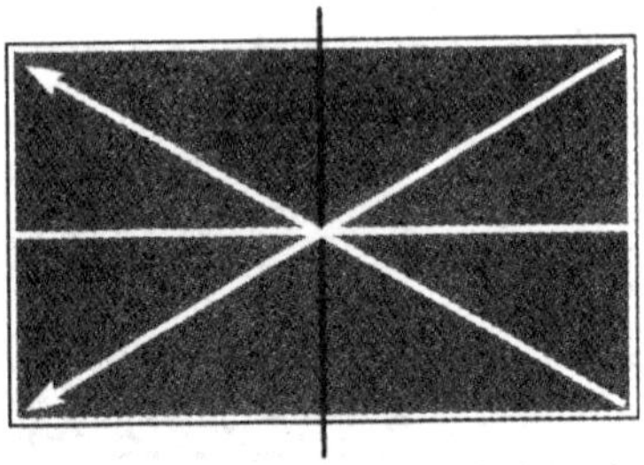

图7-1-5

（三）拍形

拍形一般是指拍面与球台平面所构成的角度。我们把拍形分为拍形后仰、拍形稍后仰、拍形垂直、拍形稍前倾、拍形前倾。对于初学者而言，在学习正手攻球、反手技术时，由于不太善于摩擦球。基本上引拍的拍形在很大程度上能决定击出的球是否能上台（图7–1–6）。

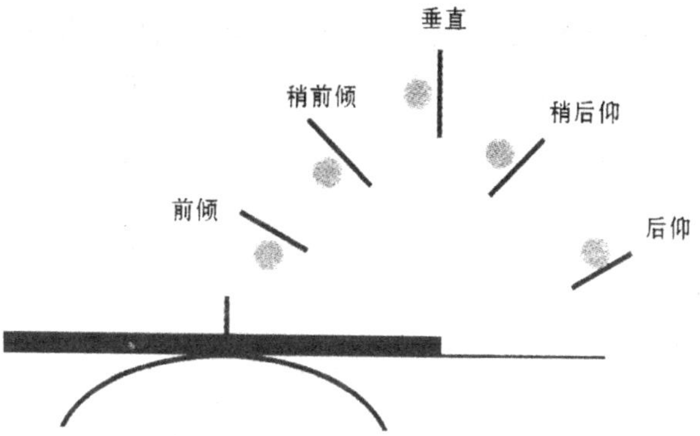

图7–1–6

（四）击球点

我们将乒乓球看作一个表盘，用表盘的刻度来说明乒乓球击球点。12点为球的顶部、1点为球的上中部、2点为球的中上部、3点为球的中部、4点为球的中下部、5点为球的下中部、6点为球的底部。不同的技术有不同的击球点。正手攻击球的中上部，推挡击球的中部偏上一点，搓球击球的中下部。在后面我们谈到各种技术的动作要领时，都要具体讲到该种技术的击球点位置。

结合拍形的术语，我们可以知道。当拍形前倾时，击球点为1点、2点，或者12点至3点之间的任意一点。当拍形后仰时，击球点为球的4点或5点，或者为3点到6点之间的任意一点。

（五）弧线

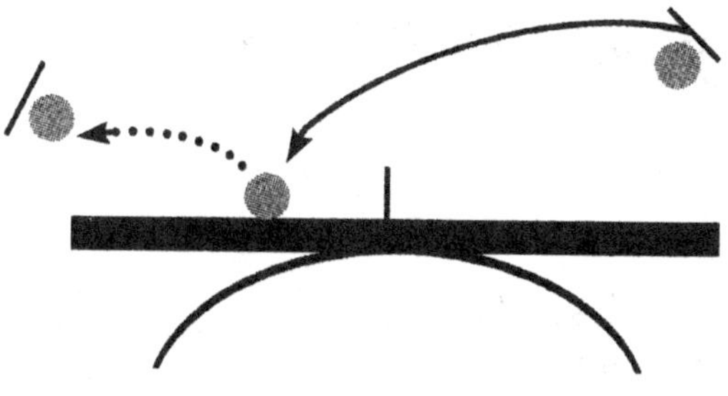

图7–1–7

1. 第一弧线和第二弧线

制造合理的弧线。是乒乓球击球命中率的要素之一。图7–1–7中，右侧实线为第一弧线，左侧虚线为第二弧线。第一弧线是指右侧运动员击球后，弹击在对方球台之前的空中飞行弧线。第二弧线是指球弹击到对方球台后，到被对方击球之前（或者对方没有击中球）的空中飞行弧线。

2. 如何制造弧线

因为球网的存在，球必须有一定的飞行高度才能过网，因此制造弧线是保证击球命中率的重要环节。我们可以通过以下几个环节来主动地制造弧线和改善弧线高度。

①增加摩擦力。适当增加球拍击球的摩擦力。能够有效地制造弧线。

②注意出手角度。击球时拍形的角度，对弧线的高度有重要作用。一般拍形越前倾，可能弧线越低。而当拍形前倾时，增加了摩擦力，也能使出手的球有较好的弧线。

③调节击球力量。击球时力量的大小也直接影响球的空中飞行弧线。

（六）击球时间

对方回击的球弹在我方球台后。将第二弧线的不同阶段进行划分，就是我们通常所说的击球时间。击球时间分为上升前期、上升后期、高点期、下降前期、下降后期五个阶段（图7–1–8）。

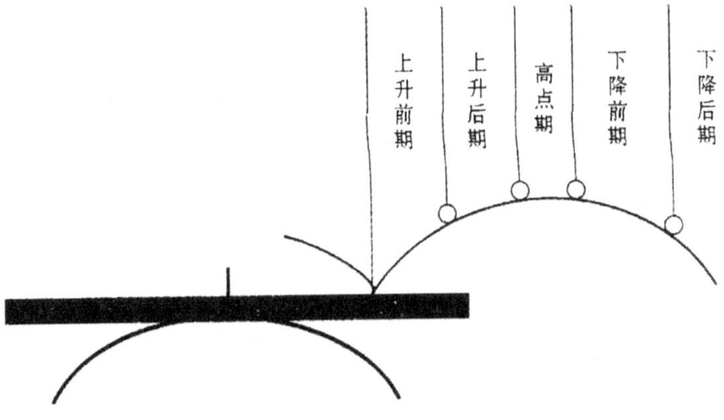

图7–1–8

不同的技术有不同的击球时间要求。在最佳的击球时间击球，才能获得好的击球质量和成功率。

（七）击球基本环节

在乒乓球的所有技术中，每一项技术动作都包含五个环节：引拍、迎球挥拍、拍球、随挥、还原，五个基本的击球环节，都要完成好。如果其中有一个环节没有处理好，都会影响击球质量和击球的命中率。引拍：击球前的准备动作。是为了更好地发力击球。引拍时的拍形角度决定击球命中率，引拍时机决定了是否能在合适的击球时间击中来球的合适击球点。引拍在很大程度上决定了击球的命中率。迎球挥拍：朝着来球的方向挥动球拍。

拍击球：用球拍击中来球。

随挥：击球后，还需要顺势挥动球拍一小段距离。

还原：完成击球后，还原身体重心，回到准备姿势，为下一板击球做好准备。

下面我们讲述的所有技术都会契合这五个基本环节。

二、握拍法

常见的握拍法有两种：一种是直拍握拍法，另一种是横握拍法。我们在选取握拍方式时要遵循自己的感觉，感觉哪种方式更顺手即采用哪种握法。总的来讲，初学时，直拍的推挡比横拍的反面技术相对更容易掌握，但是长远来看，直拍的反手技术没有横拍的反面技术更有威胁。

（一）直握拍法

（1）直握拍优点：直握拍时手指、手腕的活动幅度比较大，具有小巧、灵活、多变的特点，所以在发球变化、处理台内小球和追身球时相对有利；直握拍正手攻球快速有力，进行直斜线变化时，拍形变化不大，对手不容易判断。早期的亚洲选手以直握球拍多见。

（2）直握拍不足：反手攻球或者直拍反面技术因受身体阻碍，较难掌握；进攻、防守相对横板显得照顾面积不大。因此需要较多跑动，对体力要求较高。

（3）技术要领以食指第二指节和拇指第一指节扣拍，拇指与食指之间的距离要适中，其他三指自然弯曲，中指第一指节侧面贴于拍的背面靠近拍柄1／3处，无名指和小指自然叠放在中指上。直拍握拍法在进行正手攻球和反于推挡技术的转换时，握拍手型会发生一点微小的变化：在正手攻球时，拇指和中指协调用力，拍柄紧贴虎口，食指可稍放松；反手推挡时，食指和中指协调用力，拇指按压球拍，拍柄可稍微脱离虎口。直握拍时，前面的拇指和食指主要用于调节拍形、转换击球方式，而后面的三个手指则起到辅助和支撑作用，两方面缺一不可，否则就可能出现球拍乱晃、发力不集中、拍形调节不到位等问题。

以上谈及的直握拍法是常规式握法。根据每个人技术特点，同样方式的握法会出现细微的差异。比如有的人直握拍时，拇指和食指间距较大，俗称“大钳式”握法（握法较深）。这种握法击球时拍形稳定性强，正手进攻更容易发力。能更好地处理中、远台的进攻技术，但是由于握拍较深，对于手指、手腕的发力、运用等方面有一定的影响。直握拍还有一种浅式握法，即“小钳式”握法。拇指和食指距离较小。这种握法与“大钳式”握法恰好相反，手腕手指灵活，但是发力时球拍的稳定性不够。“小钳式”握法，多见于传统的两面攻选手中。由于握法较浅，也适用于一面长胶一面反胶的“倒拍”打法。

相对于通常的直拍握法而言，运用横打时拇指要往里握的深一点，适度用力压拍，而食指则略微上移至球拍边缘处，稍微放松。使球拍背面前倾，握拍不能太紧，以免影响拍形的调节，背后的中指、无名指和小指，应该比普通的直握拍要略微伸开些，这样有利于发力和稳定拍形。

（二）横握拍法

（1）横握拍优点：手指、手掌与球拍的接触面积较大，因此握拍相对稳定；反手攻球相对于直握拍更容易发力，能够主动进攻和拉弧圈球；相对于直握拍、横握拍照顾面积较大。

（2）横握拍不足：握拍方式没有直握拍手腕灵活，因此处理台内球不够灵活；回接中路球相对于直拍难度较大；进行直线、斜线变化时，动作变化明显，容易被对方识破；回接两面来球时，需要转动拍面，对出手速度有一定的影响。横握球拍虽然没有直握拍灵活，但是具有易于发力、正反手攻守平衡等特点，加之横握球拍的手法与网球的握拍法较为相近，也许这正是为什么欧洲运动员基本都是横握球拍的原因。我们普通爱好者还是要根据自身情况和打法特点，选择适合自己的握拍方式。

（3）技术要领虎口正中间贴于拍肩，中指、无名指和小指自然地握住拍柄。拇指略弯曲并以侧而贴于拍面，食指自然伸直斜放于球拍的背面。如果虎口紧贴拍肩，称为进攻“深握法”；如果虎口离拍肩还有一定间隙，称为“浅握法”。深握法拍形比较固定，发力集中。浅握拍手腕较灵活。能较好地处理台内球。横握拍的深握法和浅握法的优缺点与直握拍的优缺点类似：深握容易发力，但手腕缺乏灵活性；浅握手腕灵活。但是稳定性不够。

当横拍正手攻时，食指压拍。拇指的第一个指节为支点，并与中指协调配合控制拍形。有些选手为了更好地发力，甚至将食指略向球拍中部移动，以使其压拍的用力与球拍正面的击球点更为接近；反手进攻时，是以食指的根部关节为支点，拇指压拍控制拍形并传递击球力量。同样，可将拇指略向上移以便接近正面的触球点。注意避免中指、无名指、小指和手掌将拍柄握得太紧，否则影响拍形调节的灵活性，进而对击球的准确性造成影响。

三、准备姿势和站位

（一）准备姿势

1. 动作要点

（1）下肢。两脚开立与肩同宽或比肩略宽。平行站立（亦可左脚略前，以便正手击球时转体、转腰），主要以前脚学着地，脚跟虚着地，双膝微屈稍内扣，重心置于两脚之间。

（2）上体。上体略前倾，收腹，使重心前压，以便迎前击球。持拍手臂自然弯曲，使球拍立于身前，拍头指向前方偏左，非持拍手臂自然弯曲，置于身体侧前方。

（3）头部。头正直，下颏稍内收，两眼注视来球。

2. 易犯错误

（1）球拍不要放的过低。否则处理台内球、上旋球，时间来不及。

（2）两脚分开距离过大或者过小，影响脚步起动速度。

（3）后脚跟完全着地，影响脚下起动速度。

（4）膝盖弯曲度过大，蹲得较深；或者膝盖弯曲度不够，重心过高。重心的高低也直接影响脚下的起动速度。

（5）肩膀紧张。双肩应基本同高，在没有击球前应避免刻意耸肩或沉肩。

（二）合理的站位

不同打法站位方式是有所不同的。直板运动员一般擅长正手侧身，一般会站在球台的左侧；擅长反手技术或者相持技术的选手，往往会站在中间偏右侧；快攻型运动员站位离台较近；弧圈球运动员则略微离台远一些；防守型运动员站位离台更远一些。但每个人的技术特点不同，现在的防守型运动员中，有的也有很强的进攻能力。

因此，站位还是跟个人的技术特点密切相关。

初学者站位一般中间稍偏反手位站立，距离球台40—50厘米。因为在初级阶段，练习者一般是左来左打，右来右打，而正手攻照顾的面积相对反手较大，所以站位稍偏反手。

四、乒乓球步法练习

步法是乒乓运动员实施技战术的基础。一名运动员即使有扎实的基本功，突出的个人技术，良好的战术素养，如果没有与之相匹配的步法，技战术也只是空中楼阁，无法具体展现。判断一个人打球是否真正入门，关键不是看手法，而是步法。因为手法相对易学，在初级阶段，多加练习就能有显著提高，而步法却是与打球的意识息息相通的，不下功夫难有所成。下面我们介绍几种乒乓球的基础步法。

（一）步法分类

步法主要分单步、并步、交叉步、跨步、跳步、小碎步等。

1. 单步

单步以一脚为轴，另一个脚向前、后、左、右不同方向移动，重心随之跟上（图7–1–9、图7–1–10）。

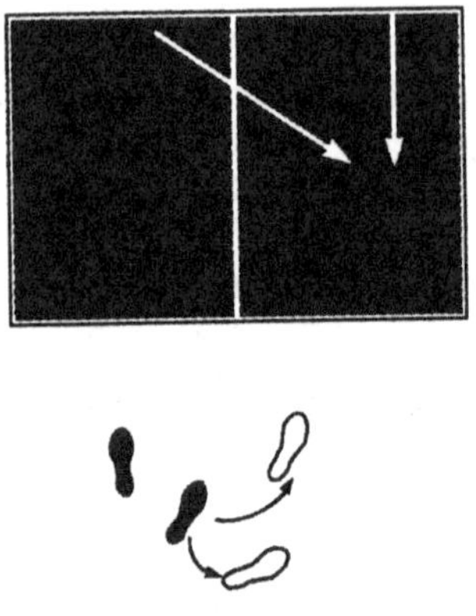

左脚为轴，右脚向右、前的单步

图7–1–9

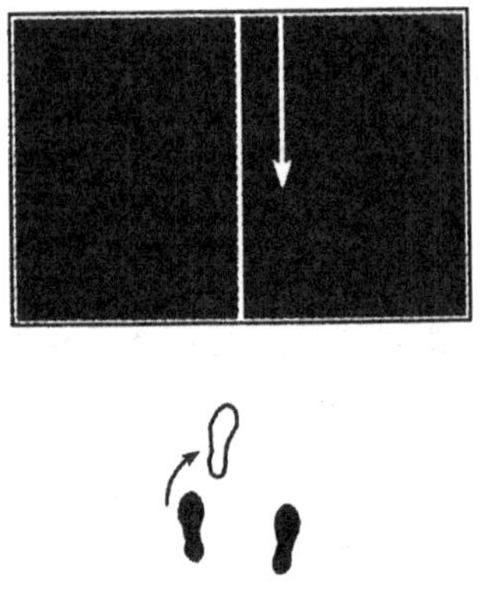

右脚为轴，左脚向前的单步

图7–1–10

（1）单步特点

优点是移动简单、灵活，还原快，不足处是照顾的范围小，重心有一定的起伏。

（2）适用范围

①接近网短球。

②中路来球时、小动作侧身时用正手或反手同击。

③接底线长球时，小退一步。

2. 并步

并步是以一脚先向另一只脚移半步或一小步，另一只脚在并步脚落地后即向同一方向移动。注意身体不腾空（图7-1-11）。

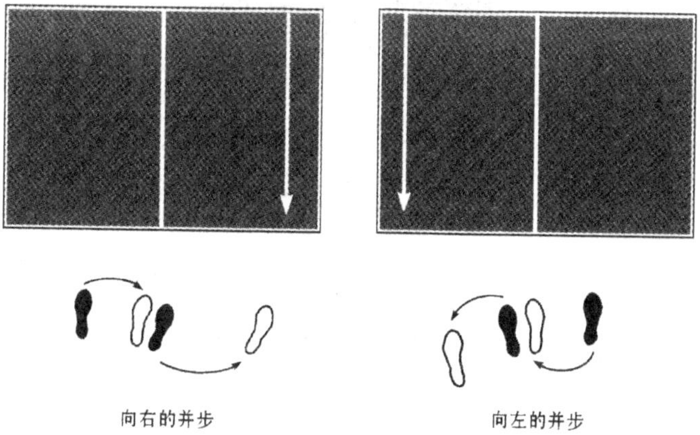

图7-1-11

（1）并步的特点

并步相对来讲重心稳定，身体重心起伏较小。

（2）运用时机

①进攻型选手在左右移动中攻或拉球。

②削球选手正反手削球。

③并步侧身攻，多用于拉削球（球速不太快时），右脚先向左脚后并一步，以便转体，随之左脚向侧跨一步。

3. 交叉步

（1）动作要领（以向右侧扑球为例）

右脚脚尖先向前转移动方向，并略移一脚的距离，或原地一个小碎步调整重心，为下一步扑出去做准备；左脚向右侧来球的方向跨一大步，在身体前（侧）瞬间呈交叉状态，身体随之向来球方向移动，右脚再跟上一步，转腰挥臂，在右脚跨出的一步将落地时进行击球。注意在空中完成击球动作。

（2）特点

交叉步移动范围大，但是重心还原慢，因此扑出去击球一定要有质量，否则下一板击球时很被动。

（3）运用时机

侧身正手攻球后，扑右方空当，或再从右大角同到反手攻球时常用。削球选手在前后移动时也经常使用（图7–1–12）。

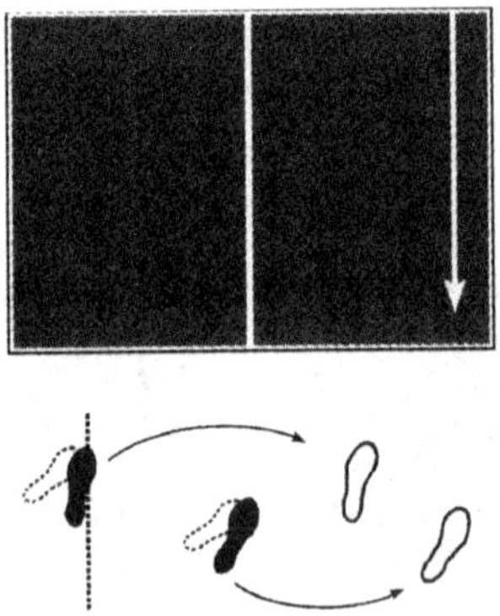

图7–1–12

①进攻型选手在侧身攻、拉后，扑右角空当击球，或从右大角变反手击球时。

②削球选手在走动中拉削球时。

③削球打法接短球或削突击球时。

4. 跨步

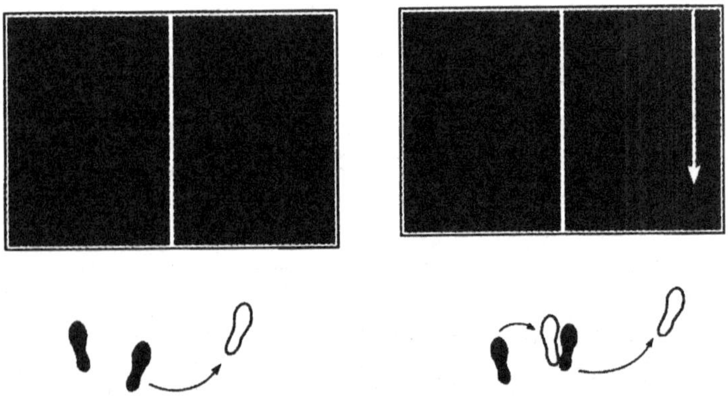

(1) (2)

图7–1–13

跨步是以一脚蹬地，另一个脚向来球方向（左侧或右侧）跨一大步。为了防止跨步后失去重心，蹬地脚应随后跟上半步或一小步。

（1）跨步的特点

移动迅速、灵活，移动范围比单步大。相比并步，跨步重心不易保持平衡。

（2）运用时机

多用于进攻型选手左右移动击球。

①进攻型打法。用来对付离身体稍远的来球。

②削球打法。左、右移动击球。

③跨步侧身攻。当来球速度较慢，但离身体稍远时，左脚向左前上方跨一大步，右脚随即跟上一小步，同时配合转腰挥臂。

5. 跳步（图7-1-14）

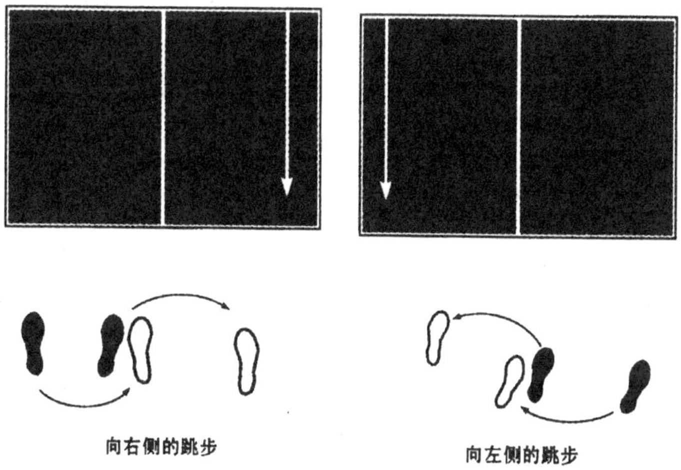

图7-1-14

（1）动作要领

两脚向来球的同方向蹬地，双足有瞬间的腾空，离来球较远的脚先落地，另一只脚跟着离地。跳步与并步在移动中有相似之处，但是并步没有双脚同时腾空的动作。

（2）特点。移动范围比跨步、单步大，利于发力进攻。

（3）运用时机。进攻型选手在左右移动时常用此步法。

①进攻型选手左右移动击球，常与跨步结合起来使用。

②弧圈类打法由中台向左、右移动时常用。

③跳步侧身攻或拉，但在空中需完成转腰动作。

④削球选手在接突击球时常采用，但以小跳步来调整站位用得较多。

6. 小碎步

小碎步就是运动员在原地采用较高频率的小垫步。高手们能够在台前来去自如，小碎步的运用是关键。如果每次移动前直接抬脚，重心移动容易不到位，只是脚到手到而已。而重心的使用在乒乓球技术中是非常重要的环节。小碎步的调整其实就是肩负着调整重心的使命，使将要蹬地的脚在原地轻垫一下，调整脚的朝向，然后再蹬地启动，或者在不同步法之间的衔接。采用小碎步后，也使运动员看起来步法更加流畅。

（1）特点。小碎步形式轻盈、灵活，运用频率极高。

（2）运用时机。主要适用于步法的调节，在步法移动到一定的位置时还没有找到合适的击球点，就要通过小碎步来调整，争取更好的击球点。发球后，也是先运用小碎步，为下一板的防守或是进攻做调整，特别是重心的调整；而每一板击球后，无论你用跳步，还是前后交叉步，或是用其他步法，均要用小碎步来还原，以便为下一板的衔接做好充分准备。小碎步是步法中尤为重要的步法，也是衡量运动员步法跑动是否合理、协调的一个重要因素。

（二）步法练习方式

我们在练习步法的时候，一定要养成对方出手后，迅速判断来球方向脚步先动的习惯，并移动重心转腰挥拍，即：步法快一些，以脚带腰，以腰带手。相反，如果我们反应慢，看到来球不是首先移动步法，而是下意识地伸手去够着打球，也就是说手快脚慢，这样的方式击球质量不高，而且不易还原，进一步影响下一板的衔接。步法训练形式多样，也要根据乒乓球爱好者个人情况选择性练习。本书我们以由易到难的方式介绍步法训练的几种形式，以供不同水平的乒乓球爱好者选择。

1. 无球的步法训练

无球步法练习是单球练习和多球练习步法的基础。手臂做挥拍动作但不击球，配合脚下步法的练习，其目的是首先使步法熟练化，形成一定的半自动化，然后为有球练习步法打下基础。即使是在中国国家乒乓球队，把步法训练融入准备活动中，进行无球的原地步法练习也是一种重要的方式，可见这种方法的重要性。

（1）并步练习

①练习方式（脚下练习并步，手上结合动作）

A.两点跑位，正手攻或正手拉（正手位两点）。

B.两点跑位，正手攻或正手拉（侧身位两点）。

C.两点跑位，反手推挡或拨球或反手拉。

D.并步正反手摆速。

②练习要求

A.重心降低，不要在移动中重心起伏太大。

B.开始练习时，多注意脚下步法的要点。达到一定的熟练程度后，要进行有击球意识的步法练习，这样更接近实战，为下一步有球练习奠定基础。

（2）推侧扑右

①练习方式

练习者首先原地做一个反手动作（推挡、反手拨、直板横打反面技术等，根据练习者的打法类型进行选择），然后侧身跳步，做正手攻动作，第三个动作交叉步完成扑正手的动作，第四个动作再反交叉步，用反手动作回到开始占位的地方，再侧身正手攻，再做交叉步扑正手的动作。以此类推。

②练习要求

扑正手之前有小碎步调整重心的动作，为下一板扑正手能发力蹬地做好准备。扑正手的动作要有一定的力度，因为在实战中，如果这一板球质量不够好，下面的球将会非常被动。

2. 单球练习中的步法训练

单球练习的步法跑位形式多样，要根据爱好者不同的打法风格合理选择。比如，如果是直板选手，侧身位的正手跑位是很重要的练习形式。但是练习正手攻在正手位的两点跑位是重要的基础练习形式，初学者最好根据本书由易到难的编写，循序渐进地进行练习。需要指出的是，本书把定点摆速和两斜对两直的练习方式也归入步法练习的内容，主要是考虑到这两项练习对爱好者的步法结合线路的提高会有很大帮助。可以这么说，在中国所有的专业队员的基本功阶段，这两项训练技术是必不可少的组成部分。

提醒大家注意的是，即使是同一个练习计划，每一个练习者所获得的练习效果也会不同。只有在平时训练中，注意练习质量（命中率、力量、线路），才能有真正的进步。无论哪种练习方式，用心钻研和科学训练相结合，才会在自己喜爱的运动项目中感受到这项运动的奥秘和魅力。

但是相同的练习技术，不同水平的爱好者可以有不同的练习要求。初学者可以从正手攻球的跑位开始，技术水平有所提高后，可以练习正手拉上旋球的跑位，或者连续中等发力正手攻的练习形式，或者更难一点的三点跑位。

（1）两点跑位

两点跑位是最基本的步法练习形式。其他形式的步法练习都是在两点跑位的基础上展开的。本章第一节中所强调的小碎步，其实是两点跑位的省略版本。当爱好者经过无球的步法练习到单球、多球的两点跑位练习，形成自动化的动作后，小碎步其实就会有一种“浑然天成”的感觉。但是这种感觉是需要成千上万次的练习才能获得的。

①正手攻在正手位的两点跑位

A.练习方式

陪练方喂球至主练方的正手边线一个，然后在至主陪练方的中线一个，以此类推（图7–1–15）。定点练习主练方在正手位二分之一台的跑动能力。这是最基础的步法练习。步法采用并部结合小碎步的重心调整。初级阶段可用正手攻稍轻的方式击球，主要练习跑动习惯和跑动意识；中级阶段可适度练习中等力量发力，两点跑位练习；高级阶段可正手连续拉球两点跑位练习。

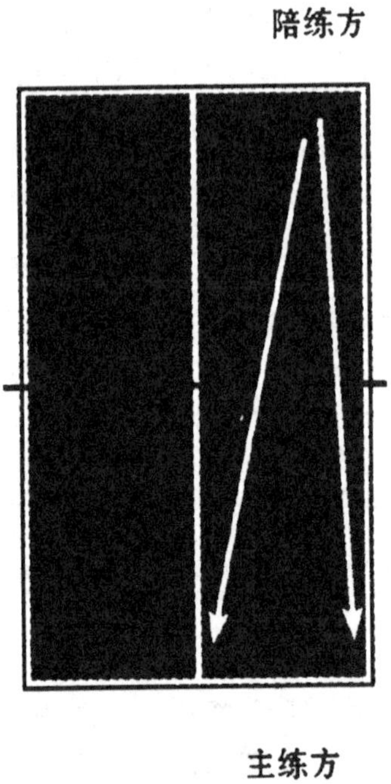

图7–1–15

B.练习要求

多球练习时，陪练方喂好落点，根据练习者的水平控制节奏；单球练习时，主练方积极跑动，尽量将落点控制在陪练方的定点位置；主练方要注意重心要低，保持平稳；中高级阶段练习跑位时，要注意蹬地送髋，腰部用力，而不是全靠手臂发力。

②正手攻在侧身位的两点跑位

A.练习方式

陪练方喂球至主练方的中线附近1个，然后喂主练方的反手位边线1个，以此类推（图7–1–16）。定点练习主练方在侧身位二分之一台的跑动能力。步法采用并步结合小碎步的重心调整。正手能力强的爱好者，要多加练习此项跑位，较多地采用自己擅长的技术，是重要的得分手段之一。在比赛中，从不侧身用正手的选手，给对方的心理震慑要小得多。除非你具有王皓的反手能力。王皓最终三次奥运会单打孤军，心理是一部分原因，但是正手能力不够强大也是技术上的原因之一。张继科的成功，在于他不仅拥有良好的反手技术，其正手的杀伤力也要高于王皓，在技术层面上张继科也是领先王皓的。我们可以从比赛中看到，张继科有时也会加强正手侧身的拉冲，一方面是变换战术，另一方面正手侧身给对方的心理威胁较大。

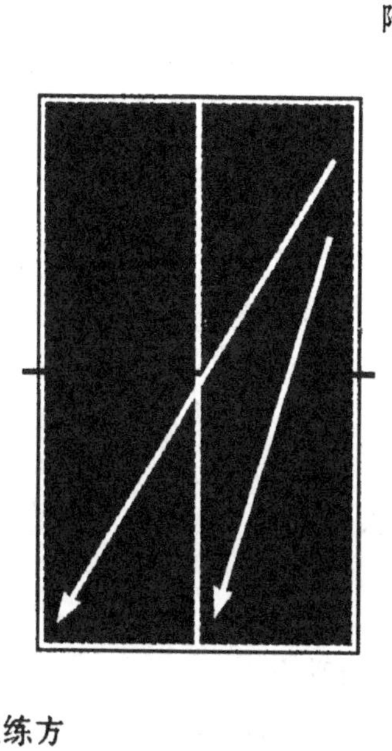

图7–1–16

初级阶段可用正手攻稍轻的方式击球，主要练习跑动习惯和跑动意识；中级阶段可适度练习中等力量发力，两点跑位练习；高级阶段可正手侧身连续拉冲两点跑位练习。

B.练习要求

陪练方减少失误，喂好落点；主练方积极跑动，尽量将落点控制在陪练方的定点位置；主练方要注意重心要低，保持平稳；中高级阶段练习跑位时，要注意蹬地送髋，腰部用力，而不是全靠手臂发力。

③定点摆速

A.练习方式

陪练方需要送主练方反手位一个球，再送主练方正手位一个球，以此类推，定点练习正手和反手的摆速。主练方只击球至陪练方一点（陪练方相对固定的一个区域，俗称“一点”），注意小碎步的衔接和调审。此项练习不仅练习步法，也练习主练方的正反手的交换能力，为下一步的不定点练习打下基础。

B.练习要求

一般情况下，选手们从反手位去正手位容易，但是从正手位到反手位稍微慢一点，需要格外注意和多加练习；正手反手的交换要在身体前方完成；陪练方减少失误，喂好落点；主练方积极跑动，尽量将落点控制在陪练方的定点位置；主练方要注意重心要低，保持平稳。中高级阶段练习跑位时，可以练习正手反手发力打，或者正手反手拉球摆速，但要注意减少无谓失误，重点仍旧放在步法的练习和正反手转换上。

（2）三点跑位

①练习方式

A.陪练方需要送主练方中间位1个球，然后送反手位1个球，再送主练方的正手位。主练方分别用正手、侧身位正手、正手位正手跑位，以此类推。如果偶尔陪练方送反手位较大，不容易再侧身时，可以用一板反手衔接。但还是最好坚持用正手跑位。尤其是直板单边的选手要多练习此项跑位计划。

B.主练方只击球至陪练方一点（陪练方相对固定的一个区域），注意小碎步的衔接和调节。

②练习要求

A.陪练方减少失误，喂好落点。

B.主练方积极跑动，尽量将落点控制在陪练方的定点位置。此项练习有一定难度，主练方开始练习的力量不易过大，注意回合数目。

（3）推侧扑右

①练习方式

陪练方首先连续两次喂球至主练方的反手位，第三个球的落点在主练方的正手位，以此类推，再回反手位两个球，正手位一个球（图7-1-17）。主练方第一个球反手推挡或者反手拨球，第二个球侧身用正手击球，第三个球用交叉步扑正手位的来球，然后再交叉步用反手击球，侧身扑正手。回反手的这板球根据练习者的打法类型选择，直板横打的选手也可以直接用反面击球，单面的直板选手可以用反手攻球。

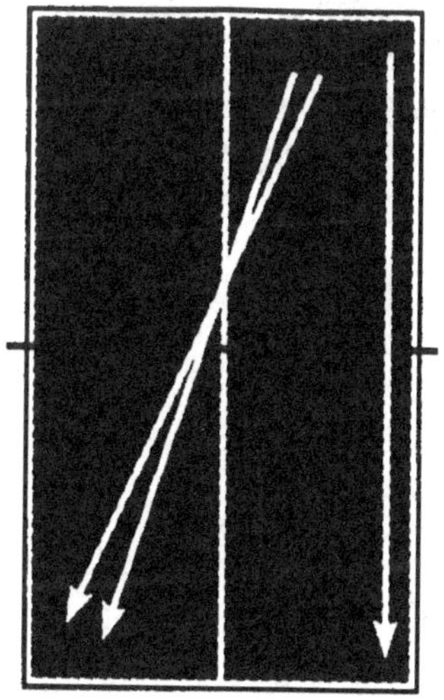

图7-1-17

②练习要求

陪练方减少失误，喂好落点。

A.主练方积极跑动，尽量将落点控制在陪练方的定点位置。

B.初级阶段时，陪练方送正手位的球角度不要太大。主练方技术有一定娴熟度后，可以送正手位大角。

（4）三分之二台连续正手攻

①练习方式陪练方送任意球至主练方（以右手选手为例）的左侧三分之二台（2-4-18），主练方只击球至陪练方一个方位，并自己连续用正手攻或正手拉冲进行跑位。

陪练方

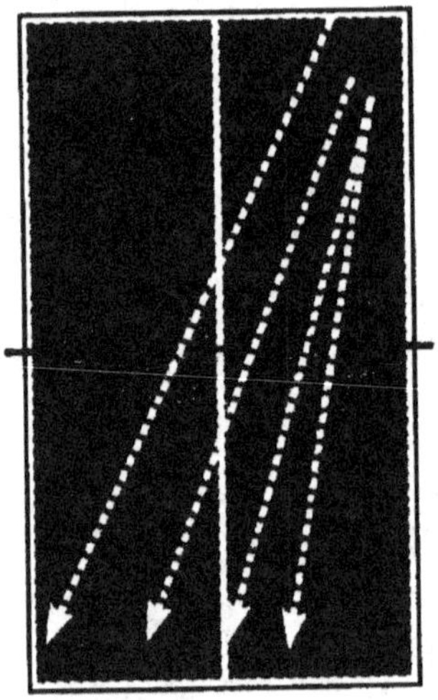

主练方

图7-1-18

②练习要求

A.陪练方减少失误。喂好落点。

B.主练方积极跑动，尽量将落点控制在陪练方的定点位置。

此项练习有一定难度，主练方开始练习的力量不宜过大，注意回合数目。水平较高时，要注意击球质量。陪练方在落点上可更为灵活。

3. 多球练习中的步法训练

用多球训练步法是一种能快速见效的训练方式。总体的方式是，陪练方（或者教练）站在球网附近的一侧，直接将球一个一个按接近实战的速度发到不同落点，练习者两点跑位、三点跑位、推侧扑等，采用不同的步法练习方式跑动击球，落点与单球练习相仿。喂球的一方在练习者熟练步法后，可以采用稍快的节奏发球，以此来增加难度（具体练习方式参看前面的步法训练方法）。

五.乒乓球技术教学

我们对于初级乒乓球技术的讲解是以零起点的初学者展开的。有一定基础的爱好者可以从中级篇的技术开始学习。初级技术我们建议的学习顺序为：反手技术（直板的反手推挡、横板的反手拨球、直板横打的反面技术）、正手攻球技术、正反手发平击球、两面摆速（左推右攻技术）、发下旋球和搓球技术。我们解析各个技术的动作要领、易犯错误之后，将练习方法介绍给大家，供初学者参考。

（一）反手推挡（直板）

1. 动作要领

（1）准备姿势站立，距离球台约40～50厘米，站在球台的反手位。

（2）两脚开立，与肩膀同宽或略宽于肩，左脚稍靠前（或者两脚平行）。

（3）身体重心在两腿之间，膝盖微曲。

（4）球拍成横状，食指用力，拇指放松。

（5）上臂与球拍的姿态为两个90°和一个平面：上臂和前臂夹角为90°，球拍和前臂夹角约为90°；肩关节、肘关节、手腕在一个平面上。90°是一个参考角度，便于初学者模仿。其实，由于胶皮的弹性不同，练习者的身高、臂长不同，角度会有所调整。练习者可根据球的飞行高度适当调整手臂角度和拍形角度

（6）引拍至腹部，上臂要靠近身体；迎球挥拍时，肩、肘、手腕在一个平面上用力；在来球的最高点或者上升后期，球拍击球的中部稍偏上；击球后随挥时，大小臂可以达到近似伸直的状态（找到击球点后，动作可适当缩小），稍微熟练后大小臂也可以不用完全伸直。初学时，大小臂伸直的目的是把推挡动作完整做出来，真正把球推出去。

2. 易犯错误及纠正方法

（1）没有引拍动作。有的练习者，没有含胸收腹，导致无法做出引拍动作。引拍时，一定记着要将球拍引至腹部的位置。

纠正方法：练习者要含胸收腹，为引拍动作提供空间；同时，指导者可以用语言提示初学者及时做出引拍动作。

（2）拇指过度用力。初学者往往容易动作紧张，击球时拇指、食指同时用力，但拇指用力会使球拍后仰，推出去的球弧线较高。

纠正方法：多做徒手动作，熟练掌握动作后，能一定程度上降低击球时的动作紧张感。

（3）推挡时，送不出去球拍。初学者推挡时，容易感觉来不及推挡，球就出去了，因为不能完整做出推挡动作。

纠正方法：强调推出去时，大小臂可以近似伸直。

（4）推挡时，拍面过于前倾。有的初学者推挡时，食指用力较大，球拍过于前倾，导致球容易下网。

纠正方法：食指不要过于用力，在击球时强调击球的中部稍偏上，而不是中上部。如果仍然下网，则强调击球的中部，能有效地纠正这种错误动作。

3. 练习方法

（1）做动作。首先看动作技术要领，对着镜子做动作，或者让指导者纠正动作。开始可以分解做动作，引拍为动作1，迎球挥拍、拍击球、随挥至大小臂近似伸直的动作为2。反复进行动作1、2练习，大概挥拍100次后，进行完整动作练习；引拍、挥拍、随挥至大小臂近似伸直为1个动作，进行反复练习，直至动作较为熟练后，才能进行有球练习。

（2）陪练方将球喂至练习者的反手位，练习者挥拍击球，反复进行单球练习。

（3）多球练习，陪练方将球喂至练习者的反手位，反复进行多球练习，注意喂球的速度不要快，着重让练习方体会引拍时机，击球时机。此时，不要过度强调技术要点，大胆引拍、挥拍、击球，多进行有球练习，增强对乒乓球感觉和知觉。

（4）再进行单球练习，体会连续击球时的引拍、挥拍、击球、还原，下一板的衔接。

（5）反手动作完全熟练后，才能进行发力训练。

（6）反手动作熟练之后，可以结合步法练习。

（7）也可以借助摄像机、手机等电子设备，录下自己的动作，能够较为直观地发现自己的技术问题。

（8）可以进行左二分之一台的反手技术比赛，以增加趣味性。

（二）反手拨（横板）

1. 动作要领

（1）引拍时，手腕稍内收，球拍横至腹部略偏左侧，通常手腕略高于肘关节，身体保持正对来球的方向，前臂自然贴近身体，肘关节夹角约为90°，左脚稍靠前，右脚稍靠后，准备姿势站立。

（2）髋关节稍向左转，膝关节稍内旋，左脚掌内侧蹬地。

（3）迎球挥拍时，伸出前臂主动迎球，前臂和上臂伸展并外旋（通俗讲，前臂以肘关节为轴，向前向上画四分之一圆，上臂顺势向前送出）。

（4）在来球的上升后期或者高点期，击球的中部偏上，手腕配合做伸和外展动作。

（5）击球后随挥，前臂继续顺势挥动，并迅速还原至起始动作。

2. 易犯错误及纠正方法

（1）引拍过度引至身体的左侧。这种错误动作导致击球点远离身体，降低了击球的稳定性。纠正方法：强调引拍的起始位置，可以面对镜子做动作，自行进行纠正。

（2）反手推球，而不是拨球。动作类似直板的推球动作，没有上臂、前臂、手腕的外旋动作。直板在学习横板的反面技术，因此有了直板横打。这种错误动作则是横板直打，降低了横板反手技术的威胁。纠正方法：强调前臂向前、向上画四分之一圆的外旋、伸展动作。

（3）肘关节抬得过高。肘关节远远高于手腕，形成抬肘动作。这种错误动作，容易架高上臂，使肩膀和肘关节肌肉过度紧张。一旦形成这种动作，练习较多后，容易出现网球肘的损伤。纠正方法：可以用非持拍手，辅助握住持拍手的肘关节，防止其架得过高；或者对镜练习，纠正错误动作。

（4）引拍时，没有手腕内收动作。这种错误动作容易导致击球时，球向球台的右侧飞出。纠正方法：引拍时手腕做内收动作可以使球拍能够稍正面一些对准来球的方向，如果没有这个小动作，则很容易击球的左侧，导致球向球台的右侧飞出。

（5）迎球挥拍时夹臂。纠正方法：适度放松上臂和前臂，注意力放在前臂引拍时

（三）直板横打反面技术

直板横打的反面技术是受横板的反手拨球技术启发而出现的，因此两者有不少相似点。

1. 动作要领

（1）引拍时，手腕稍内收，球拍横至腹部略偏左侧，前臂端起且稍内旋，并且自然放松，手腕略屈，拍面稍前倾，注意拍头不要刻意下垂。

（2）左脚在前，右脚在后，重心更多地放在右脚上。

（3）迎球挥拍时，以腰带动前臂及手腕，向前略向上方挥拍。

（4）击球时，向右转腰，带动手臂自然迎前，在来球的上升期向前上方击球的中上部。击球瞬间，前臂以及手腕向外展。以前臂发力为主，手

腕保持相对固定，借力还击。

（5）击球后随挥，前臂继续顺势挥动，并迅速还原至起始动作。

2. 易犯错误及纠正方法

（1）引拍过度引至身体的左侧。这种错误动作，导致击球点远离身体，降低了击球的稳定性。纠正方法：强调引拍的起始位置，可以面对镜子做动作，自行进行纠正。

（2）反手推球。动作类似直板的推球动作，没有上臂、前臂、手腕的外旋动作。纠正方法：强调前臂向前、向上画四分之一圆的外旋、伸展动作。

（3）肘关节抬得过高。肘关节远远高于手腕，形成抬肘动作。这种错误动作，容易架高上臂，容易让肩膀和肘关节肌肉过度紧张。一旦形成这种动作，练习较多后容易出现网球肘的损伤。纠正方法：可以用非持拍手，辅助握住持拍手的肘关节，防止其架得过高；或者对镜练习，纠正错误动作。

（4）引拍时，没有手腕内收动作。这种错误动作容易导致击球时，球向球台的右侧飞出。纠正动作：引拍时手腕做内收动作可以使球拍能够稍正面一些对准来球的方向，如果没有这个小动作，则很容易击球的左侧，导致球向球台的右侧飞出。

（5）迎球挥拍时夹臂。纠正方法：适度放松上臂和前臂，注意力放在前臂引拍时内旋和挥拍时外展的动作上。挥拍时，前臂伸出去。

（6）脚下站位方法错误。初学者有时容易左脚在前，右脚在后。这种错误动作，会使正手攻球动作较为别扭，难以照顾全台。纠正方法：徒手做直板横打的反面动作时，强调脚的站位，养成良好的击球习惯。

（7）拍形过度前倾。直板横打的反面技术在引拍时容易拍形过度前倾（球拍下压过多），球易下网。纠正方法：拍头要适度下垂，手腕还要有适度的内旋动作，才能使球拍稍垂直，而不是过度前倾，要使球拍的反面有较大面积的击球拍形。

（四）正手攻球

1. 动作要领

（1）左脚稍靠前站立（比右脚向前约一个脚的距离），距离球台约40—50厘米，两腿弯曲，重心在右脚上。

（2）引拍时右肩略下沉，身体向右后方转动，左肩转向来球，以腰

（髋）带动持拍手臂向右后方引拍。直板的正手攻球，引拍时拇指用力，食指稍放松；横拍正手攻时，食指压拍，拇指的第一个指节为支点，并与中指协调配合控制拍形。为了更好地发力，甚至可以将食指略向球拍中部移动，以使其压拍的用力点与球拍正面的击球点更为接近。

（3）迎球挥拍时，右脚蹬地，以腰带动手臂向左前上方挥拍。重心开始从右脚向左脚转移。在挥臂的过程中，手腕微微内旋。

（4）在身体的右前方击中球的中上部，完成球拍击球动作。

（5）击球后，球拍顺势挥动一小段距离，球拍挥动至额头的前方稍偏右。

（6）击球后还原至准备姿势。

2. 易犯错误和纠正方法

（1）引拍时，拍形过度前倾或后仰。初学者往往对击球没有太多感觉，拍形调节不够敏感。这时要根据球失误的方向来判断，进行拍形调节。纠正的基本原则：如果球总是出界，则稍稍将拍形压一点（前倾）；如果球总是下网，则稍稍将拍形后仰一点。

（2）引拍时，吊腕或者翘拍。拍头上翘是横板初学者常犯的错误，这与握拍的方法有很大的关系，横板拍头的指向，与前臂的延长线基本一致；直板的正手攻则往往吊腕，可能是因为握拍过松所致。

避免这种错误，要注意引拍时手腕基本成一条直线，与地面平行。如果翘拍，则手腕的皮肤会有褶皱；如果吊腕，手腕会有一定程度的凸起。而保持手腕成一条线，是改正这种错误的比较有效的方法。

（3）挥拍时翻肘。整个正手攻球的挥拍动作，正确的做法是肘关节总体是朝向地面方向的。引拍时，肘关节正对地面，挥拍时肘关节会有微微向右侧转动的动作。造成翻肘的原因可能是引拍时，球拍过于后仰，在击球时为了防止球出界，本能地翻肘进行压拍。纠正这种错误，引拍时要注意拍形前倾，直板选手一定要注意拇指压拍，横板选手注意食指压拍。也可以在纠正动作时，用非持拍手轻轻扶着持拍手肘关节，以避免挥拍时翻肘的发生。

（4）肘关节距离身体过近或过远。肘关节距离身体过近，容易夹肘，将来不易发力；肘关节距离身体过远，则容易使手臂与身体脱节，不容易用腰发力。如果肘关节距离身体较远，可采用（3）的方法，用非持拍手进行辅助练习；如果肘关节距离身体较近，可以尝试注意上臂与身体的夹角大概有一拳左右的距离，进行纠正练习。

（5）击球点不正确，不在身体的右前方，而在身体侧面或者偏后方。

产生原因可能是引拍动作过大或者引拍开始的时间过晚，导致迎球挥拍、拍击球时间偏晚，错过了最佳击球点。这种错误动作容易导致球下网。

纠正方法：指导者可以用语言提示练习者提早引拍时间；或者让练习者站在教师的右侧或左侧，与教师成一条与端线平行的直线，教师进行有球练习，学生也盯着球，但不真正击球（图7-1-19）。当开始引拍击球时，让学生感觉自己也是在击球，教师挥拍进行真正的击球练习，而学生观察自己的引拍时间是否与老师的一致。反复练习，进行纠正。

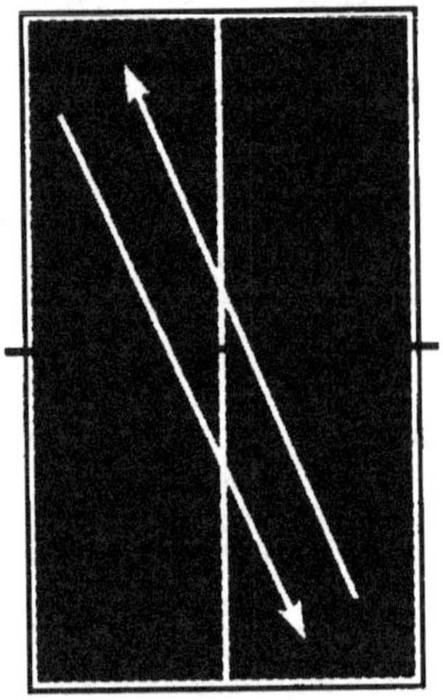

学生站位　　教师站位　　学生站位

图7-1-19

（6）正手攻球，球总是过度向球台左侧出界或下网。产生原因有可能是拍击球时，手腕没有略内旋，球拍击球的外侧较多，球容易直接向球台左侧飞出。纠正方法：可以站位稍偏中间一点；或者击球时，球的空间位置在身体的右前方稍偏后一点，争取击球的后方的中上部位，而不是球的外侧的中上部位。这个错误是最常见的错误，加之挥拍是向左前上方挥拍，更容易加剧球向球台左侧飞出。还要注意挥拍的方向是向前向左侧一点，而不是向左侧挥拍过多。

（7）直板练习者学习正手攻球时，握拍方式变形。初学者容易将放在球拍背面的中指、无名指、小拇指伸展开，而不叠放在一起。

纠正方法：强调正确的握拍方法。如果中指、无名指、小拇指展开握拍，无法很好地交替使用正手和反手推挡技术。如果正手攻球采用一种握拍方式，推挡或者直板横打的反面技术采用另一种握拍方式，在球速较快时转换握法来不及，并且降低了击球的稳定件。

（五）正、反手发平击球

发球技术是乒乓球技术中唯一一项不受对方制约的技术。发球的方式多种多样，每名运动员发球方式也有着浓厚的个人色彩。初级技术中，我们主要从最简单的发球技术—平击发球开始。发球是第一板击球的技术，初学者开始练习正反手技术时，可以先将球在自己的球台上弹一下后，再把球发过去，而不必采用正规的发球技术。有一定的正反手基础后，反而发球较容易学习。因为，毕竟正反手的平击发球与反手推挡（拨球）和正手攻有较大的相似之处。如果两个初学者对练一开始就学习发球技术，发过去的球非常不稳定，不能达到指定的落点区域，双方进行下一步基本功练习的难度较大。

1.发球弧线说明

如果想把球发长，则球在球台的第一跳要靠近自己球台的端线，如图7-1-20深色弧线；如果要发得相对较短，则球在球台的第一跳要靠近球网。

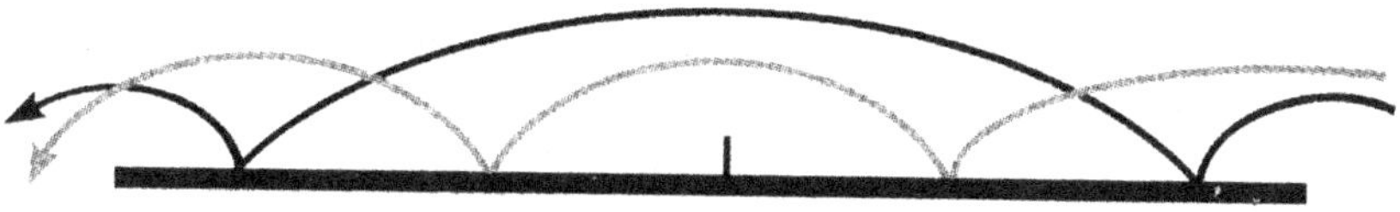

图7-1-20

2. 正手平击发球动作要领

（1）准备发球前，身体转向右侧，含胸收腹，重心降低，非持拍手持球放在球拍的下面，球和拍水平距离球台约15～20厘米，垂直距离球台约20厘米。

（2）非持拍手向上抛球，同时持拍手向右后方引拍。

（3）在球下降至球网高度时，拍形前倾，击球的上中部，向左前方挥拍，使球首先弹在自己球台的中部。注意发球的拍形比正手攻球的拍形前倾的角度要大。因为发球的第一跳是在自己的球台上，所以需要压拍形较多。

（4）随挥后，至还原姿势。

3. 反手平击发球动作要领

（1）准备发球前，将球拍和球放置腹部前方，含胸收腹，重心降低，注意球在球拍的前下方，但要靠近球拍。

（2）直板食指压拍，使拍形前倾；横拍前臂稍外旋，使拍形稍前倾。

（3）引拍时，非持拍手向上抛球，同时持拍手向腹部方向引拍。

（4）在球下降至球网高度时，拍形前倾，击球的上中部，向左前方挥拍，使球首先弹在自己球台的中部。注意发球的拍形比反手推挡（反手拨）拍形前倾的角度要大。因为发球的第一跳是在自己的球台上，所以需要压拍形较多。

（5）随挥后，至还原姿势，准备下面的练习。

4. 易犯错误及纠正方法

（1）准备发球时，非持拍手持球距离球拍较远。

纠正方法：强调非持拍手持球在球拍的前下方，靠近球拍。

（2）抛球不稳。

纠正方法：很多初学者发球时，抛球角度随意，自己抛球反而给自己带来较大难度。可以专门练习抛球技术（初学者不要抛球太高），熟练后再配合挥拍。

（3）发球时，第一跳距离球网过近。

纠正方法：拍形稍再前倾一点，使球第一跳在自己球台的中部。

（4）掌握不好击球时机。

纠正方法：多做徒手练习，专门练习两手的配合。

5. 练习方法

（1）先练习抛球，大概向上抛20厘米；能够垂直抛球后，正手发平击球时身体向右侧转，重心降低，继续练习抛球。

（2）抛球手和挥拍手配合练习。先不持球做徒手动作。非持拍手做向上抛球动作，持拍手向后引拍，两手做配合练习。

（3）进行有球练习，将球发出去。注意第一跳的落点在球台中部。

（六）两面摆速

两面摆速是将学习到的反手技术和正手攻球技术相结合的一项综合性技术。一方面可以继续巩固正反手基本功，另一方面可以练习线路和正反手转换速度。这项练习方式是最基本的练习形式之一，也是日后各种战术组合的雏形。

1. 动作要领

（1）注意正反手交换是在身体前方完成交换动作，而不是在身体侧面。

（2）直板选手要注意反手推挡是食指用力，正手攻球是拇指用力；横板选手相反。注意体会手指交替用力地转换过程，注意重心交换。

（3）在正手位用正手攻击球时，打直线的拍面要比打斜线向左的角度稍小（手腕打开要多一些），手臂挥拍向前多一些，向左少一些，初学者击球时间可略晚。

（4）在反手位用反手击球时，打直线的拍面方向接近向前，而不像打斜线那样向右较多，初学者击球时间可略晚。

（5）打直线时转体幅度可稍小。

2. 易犯错误及纠正方法

（1）脚下站位不对。应该是左脚稍靠前，右脚稍后，但是不少初学者容易相反站立。

纠正方法：要清楚如果左脚在后，右脚在前，则正手攻球时动作是拧着的，不易发力。徒手做动作，进行纠正，避免养成不好的击球习惯。

（2）正反手击球时，握拍方式有较大改变。

纠正方法：要采用正确的握拍方式，而不是随心所欲地握拍。比如一味地照顾正手发力时的握拍，球拍后面的中指、无名指、小拇指伸直放置，将导致手腕不能内旋以及无法采用正确的动作。因此，一定要养成良好的握拍习惯。

（3）正反手交换动作在体侧完成，而不是在身前完成。

纠正方法：在手法上要注意，反手动作结束后，在前臂还原的瞬间，迅速做内旋并带动手腕转动，一步到位引拍至正手，正手攻引拍不宜过大；在正手攻球结束后，利用正手攻球动作结束后前臂还原的瞬间，迅速做外旋从而带动手腕转动，一步到位至反手引拍动作。

3. 练习方式

（1）先做两面摆速的徒手动作。

（2）加上步法的两面摆速（步法动作要领，参看“并步”动作要领和练习方法）。

（3）陪练方站在反手位，用反手喂球至主练方两点。

（4）陪练方站在正手位，用正手喂球至主练方的两点。

（5）要求：用50%的力量即可，注重落点的准确性。强调重心、步法和手法的交换练习。

（6）可以进行陪练方二分之一球台，主练方左右分别二分之一台的教学比赛。如果落点不到位而出区，则为失分。运用教学比赛的方式，增强趣味性（图7-1-21）。

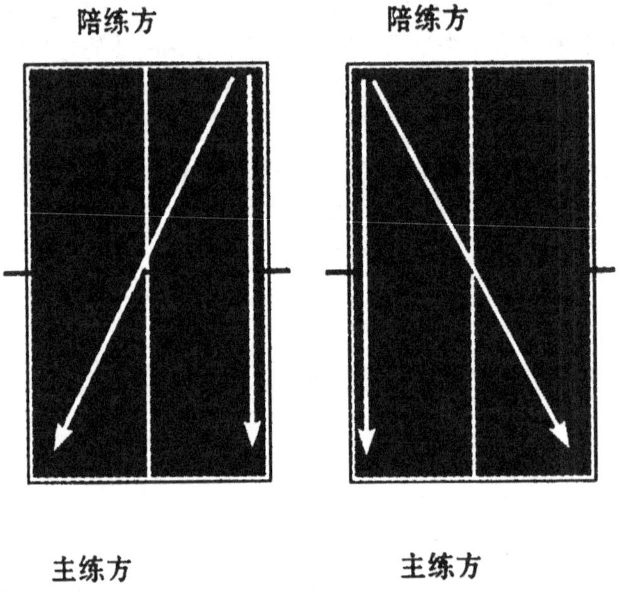

图7-1-21

（七）发下旋球

上旋球（球绕着水平轴向前旋转）的特征，简单地说就是当球碰到障碍物时（如球拍），有自行向上反弹的趋势；下旋球（球绕水平轴向后旋转）与上旋球相反，下旋球碰到球拍后，有自行下落的趋势（图7-1-22）。而发下旋球涉及乒乓球旋转的入门技术。

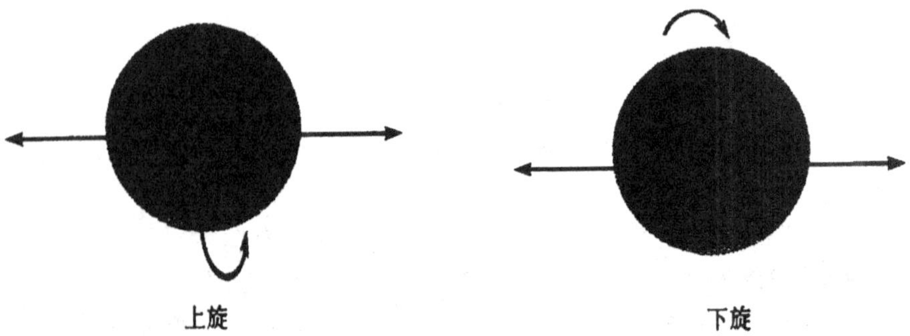

图7-1-22

1. 动作要领（发下旋球）

（1）准备姿势类似正手发平击球，重心降低，身体向右侧转，非持拍手持球放在球拍的下面，拍形后仰，球和拍水平距离球台约15—20厘米，垂直距离球台约20厘米。

（2）左手将球向上抛起。同时，右手向后上方引拍。

（3）当球从抛起的最高点下降至球网高度或稍高于球网时，前臂加速向前下方发力。

（4）手腕做屈并内收，击球中下部向底部摩擦球。

（5）随挥后，迅速还原，准备下一板搓球的引拍动作。

2. 易犯错误及纠正方法

（1）撞击球过多

纠正方法：用接近拍头处接触球，可加强发球的旋转；球拍摩擦球的表面，而不是球拍撞球的力通过球心。

（2）发球第一跳距离球网过近

纠正方法：初学者，发球站位时可以稍离台远一些，球拍不要过度后仰，手臂挥拍的方向要向下、向前，而不是向前、向下。

（八）搓球技术

1. 反手搓球动作要领

（1）准备姿势与反手技术相似：两脚开立，与肩同宽或略宽于肩，左脚稍靠前（或者两脚平行），身体重心在两腿之间，膝盖微屈。

（2）手臂外旋使拍面后仰。

（3）引拍至腹部前方，球拍成横状，直拍反手搓球时以食指和中指发力为主，拇指配合；横拍则拇指和食指协调发力，向前下方送出，前臂向左后上方引拍。

（4）在来球的下降前期，前臂带动手腕加速向前下方用力摩擦球，球拍击球的中部偏下，向球的底部方向用力。

（5）击球后，小臂继续前送，拍面角度基本与台面水平；随挥后，迅速还原，为下一板搓球的引拍做准备。

2. 正手搓球动作要领

（1）准备姿势与反手搓球相似：两脚开立，与肩同宽或略宽于肩，左脚稍靠前（或者两脚平行），身体重心在两腿之间，膝盖微屈。

（2）手臂外旋使拍后仰。

（3）引拍至身体右侧。球拍成横状，前臂向右后上方引拍。正手搓球时以拇指和中指发力为主，横拍则拇指和食指协调发力，向前下方送出。

（4）在来球的下降前期，前臂带动手腕加速向前下方用力摩擦球，球拍击球的中部偏下，向球的底部方向用力。注意要在身体的右前方击球（类似于证于攻的击球空间位置，但击球时间和击球点不同）。

（5）击球后，小臂继续前送，拍面角度基本与台面水平；随挥后，迅速还原，为下一板搓球的引拍做准备。

3. 易犯错误及纠正方法

（1）与发下旋球类似，撞击球过多。

纠正方法：用接近拍头处接触球，可加强发球的旋转；球拍摩擦球的表面，而不是球拍撞球的力通过球心。

（2）搓球弧线较高。搓球时，球拍过度后仰，容易导致搓球过高。因为，初学者在摩擦球方面比较薄弱，搓出的球，旋转较弱。如果拍形后仰过大，则回球弧线较高。

纠正方法：拍形稍向垂直的方向调整，并根据搓球的弧线高低调节拍形角度。

第二节　乒乓球运动战术教学

一、乒乓球运动战术的概念

运动技术水平提高的程度是通过比赛成绩来衡量的。在乒乓球比赛中，运动成绩好坏不仅和技术有关，而且还和比赛战术有着密切的关系。比赛战术是指运动员在比赛中，根据对手的情况，为获得胜利所采取的合理有效的策略与行动。

我们需要知道的是，这种谋略和行动不单单是要局限在比赛过程中，我们还要尽量将这种行动在世纪的训练或比赛中加以运用，比赛战术往往是建立在战术模拟训练基础之上的。

（一）快攻打法基本战术运用

近台快攻型打法是中国传统技术打法，它包括左推右攻和两面攻两种打法。其共同特点是站位近台，以速度为主，打在前面，先发制人。快速、凶狠、准确和多变，“快、准、狠、变、转”概括了这类打法的基本特点。

1. 左推右攻打法的战术运用

（1）发球抢攻战术

反手发右侧上、下旋球，发至对方中路靠右近网处，伺机进攻对方的左方（图7-2-1、图7-2-2），这种战术对付弧圈球选手比较有效果。

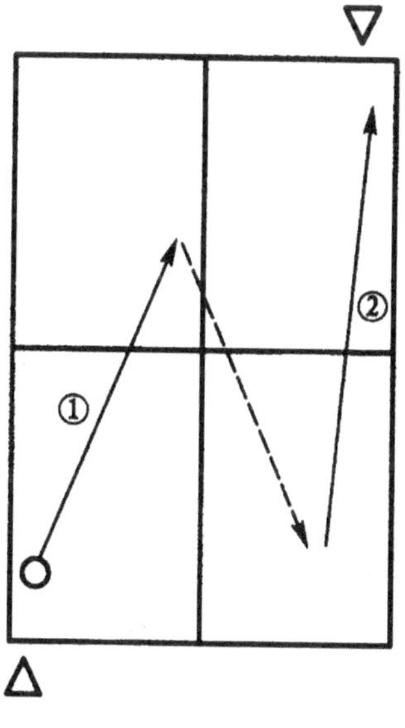

图7-2-1

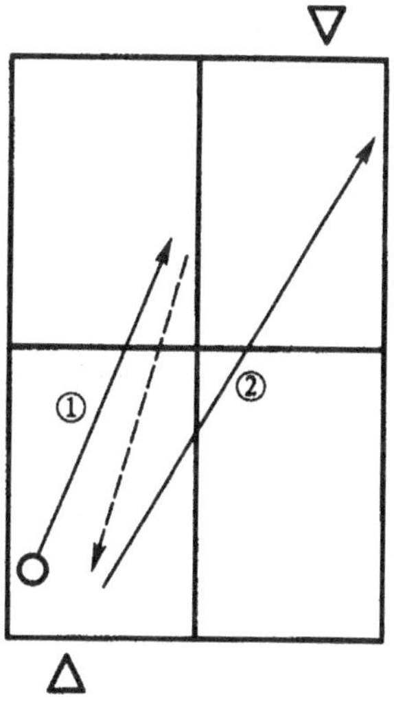

图7-2-2

2. 推挡变线战术

（1）战术一

用推挡连压对方左角取得主动时，变推直线袭击其右角空档（图7-2-3）。

（2）战术二

遇连续打侧身抢攻的对手，以推变直线来加以牵制。当对方用反手进攻或侧身进攻时，用变直线来反击其空档（图7-2-4）。变线前，要用加力推压住对手或者推的角度要大，使对方身体向左移动或侧身时再变线。切忌乱变，否则容易被对方反击。

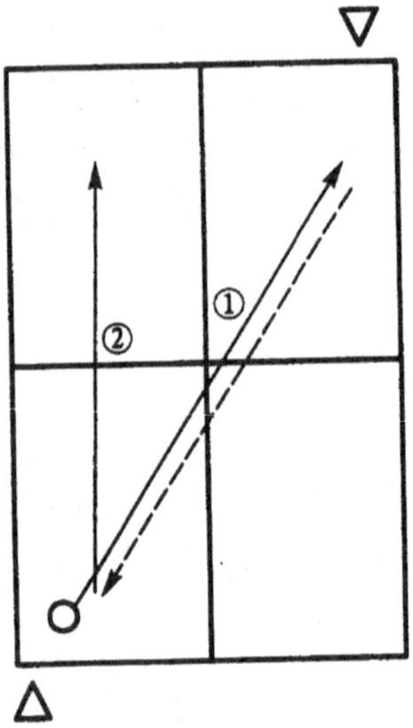

图7-2-3

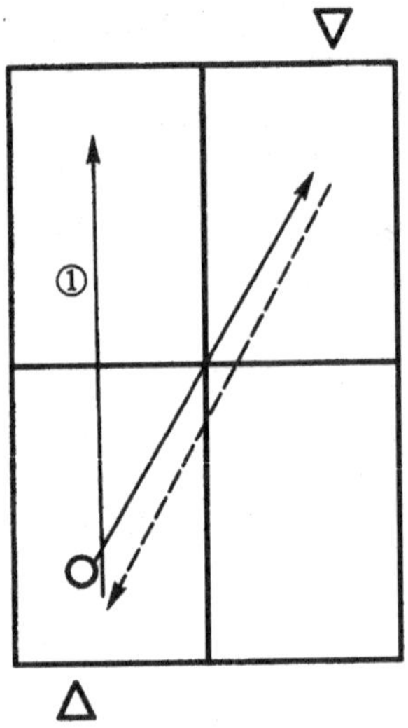

图7-2-4

3. *左推右攻战术*

（1）战术一

当推挡略占上风时或在侧身抢攻获得成功后，对方往往会主动变线到正手，此时应以有力的正手攻球进行回击（图7-2-5）。

（2）战术二

主动推变直线，引诱对手回斜线，用正手攻直线反袭对方空档（图7-2-6）。有时可佯作侧身，诱使对方变线，给自己创造正手回击的机会。

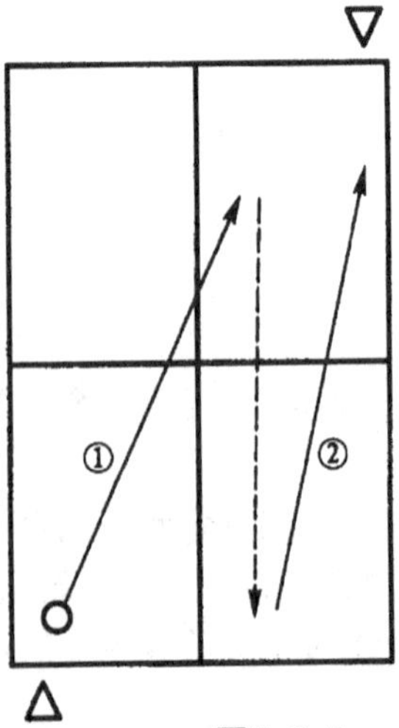

图7-2-5

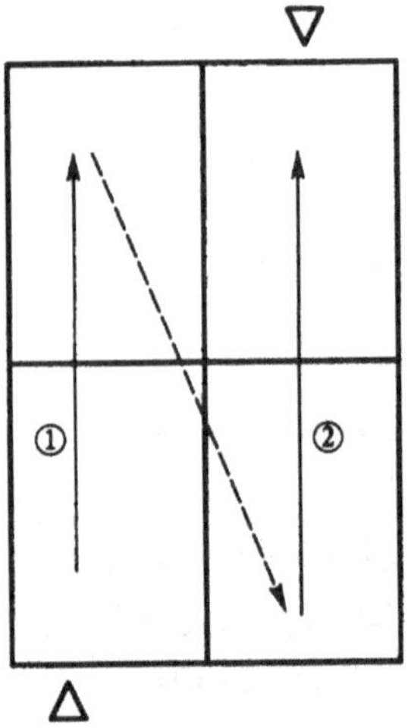

图7-2-6

4. 辅助性战术

（1）战术一

逼对手打搓攻，在搓中找机会进攻（图7-2-7）。

（2）战术二

在对搓时，搓对方正手位短球后突然变搓，转打对攻去争取主动（图7-2-8）。

（3）战术三

运用接发球抢攻去争取主动。

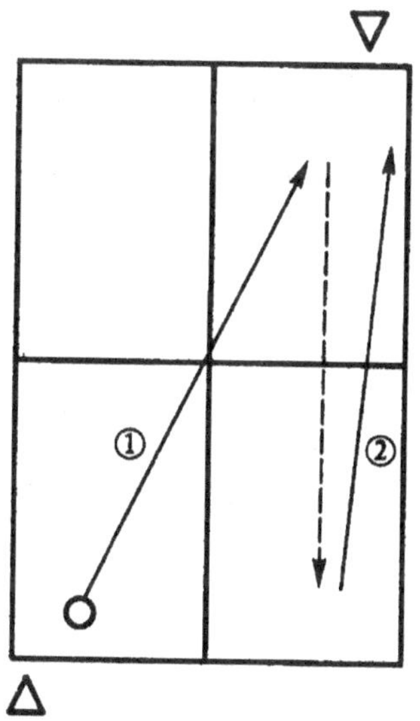

图7-2-7

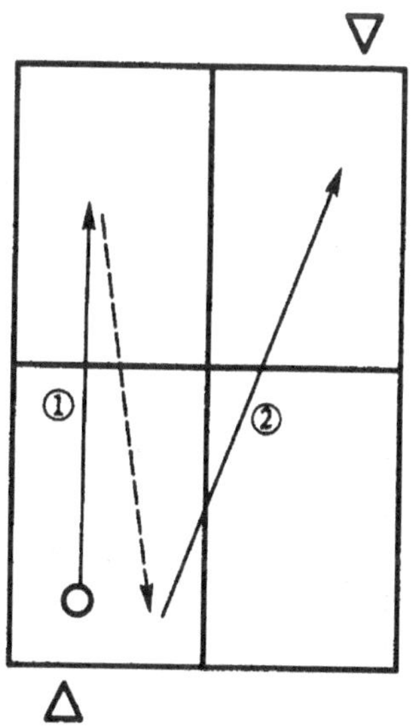

图7-2-8

（二）两面攻打法的战术运用

1. 发球抢攻战术

（1）战术一

反手发右侧上（下）旋球至对方右方近网处，创造正反手抢攻的机会（图7-2-9）。

（2）战术二

反手发底线急球或急下旋球至对方左方，然后伺机用正反手抢攻（图7-2-10）。

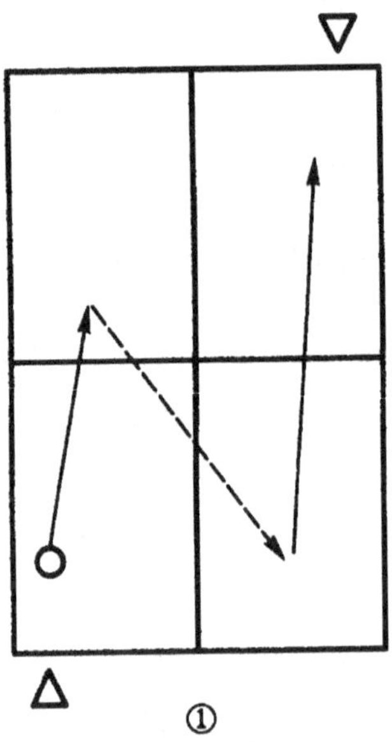

图7-2-9

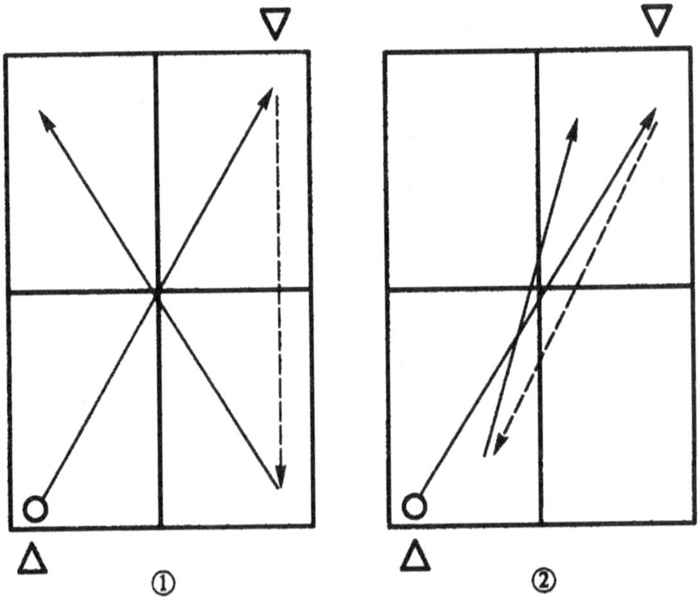

图7-2-10

（3）战术三

正手发左侧上（下）旋或转与不转球，伺机进行抢攻。

2. 反手攻结合侧身攻战术

（1）战术一

以反手攻球压住对方反手，伺机侧身扣杀斜、直线（图7-2-11）。

（2）战术二

用反手攻球交替压对方的中路和反手，然后侧身攻两角（图7-2-12）。

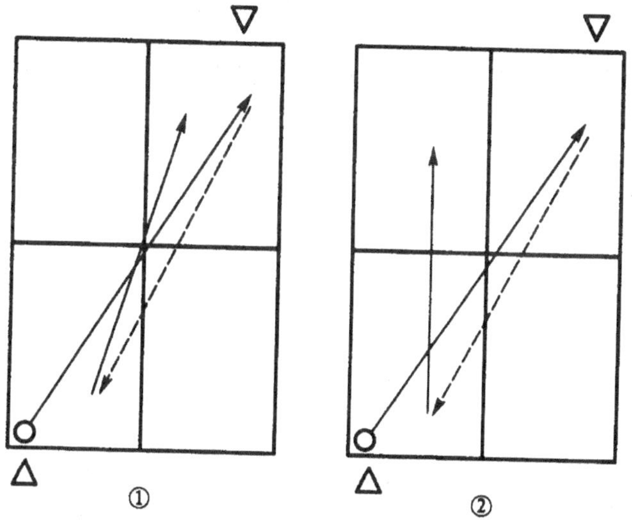

图7-2-11

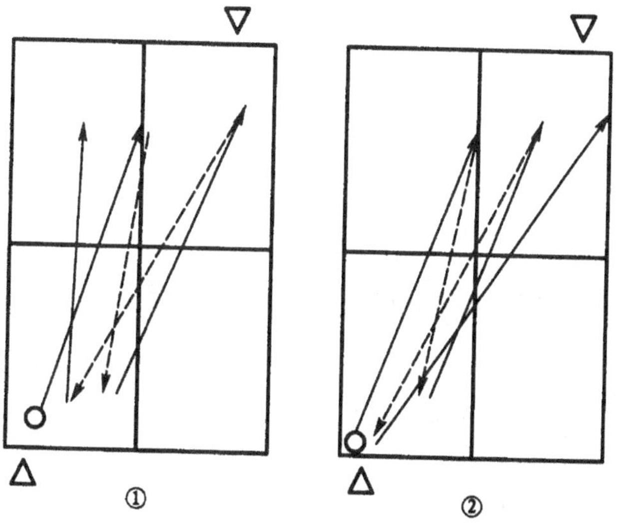

图7-2-12

反手攻结合侧身攻战术对横板近台两面攻型选手比较有效。

3. 反手攻（拉）直线战术

（1）战术一

在连续用反手攻对方的反手位后，穿插先调右（即以反手直线球攻对方正手空档），再攻左方。此战术对左推右攻型选手比较有效（图7–2–13）。

（2）战术二

当对方侧身进攻时，用反手攻或推挡变直线反袭对方正手空档，伺机用正手扣杀（图7–2–14）。

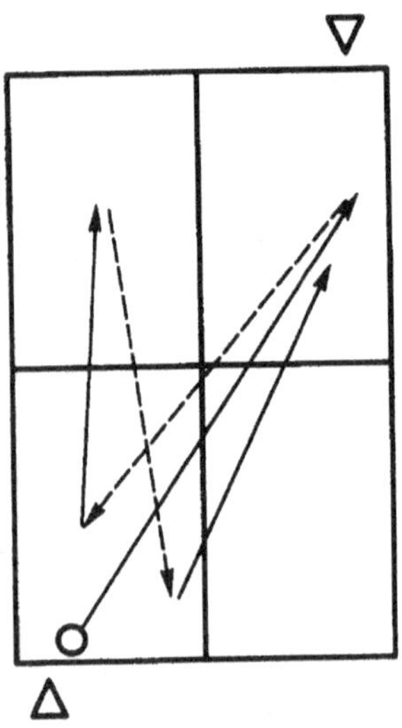

图7–2–13

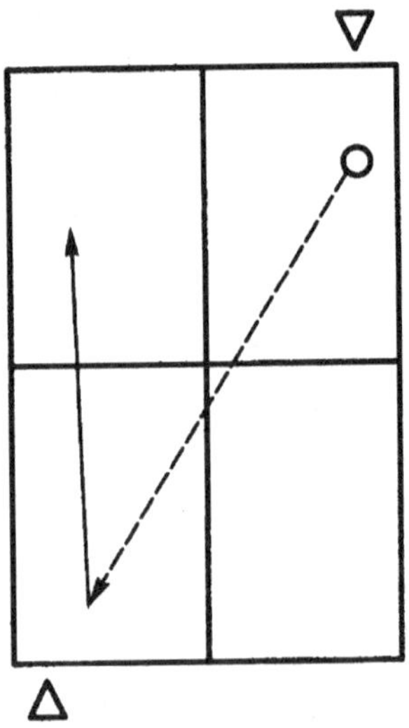

图7–2–14

4. 正反手连续进攻战术

（1）战术一

以正反手连续攻对手较弱的一方，使对方打出机会球，然后伺机重扣（图7–2–15）。

（2）战术二

以正反手连续攻对方左右两角，伺机扣杀（图7–2–16）。

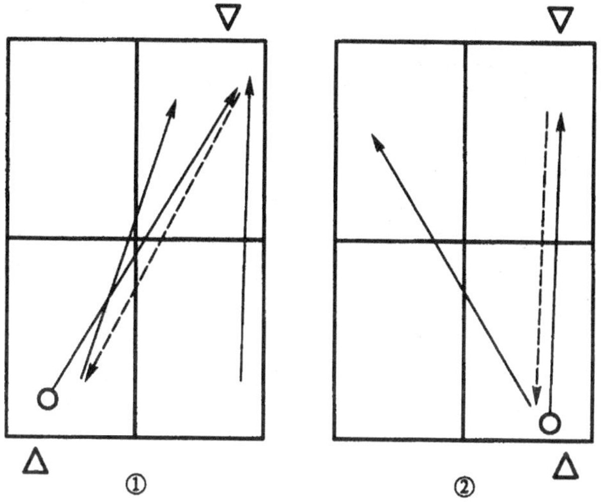

图7-2-15

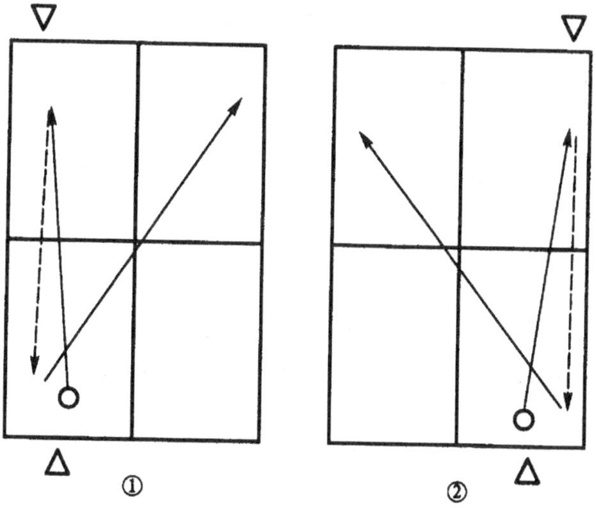

图7-2-16

5. 接发球抢攻战术

选手可积极运用接发球抢攻去力争主动（图7-2-17）。

6. 辅助战术

用搓短球回接对方的发球，伺机以正反手进行搓攻（图7-2-18）。

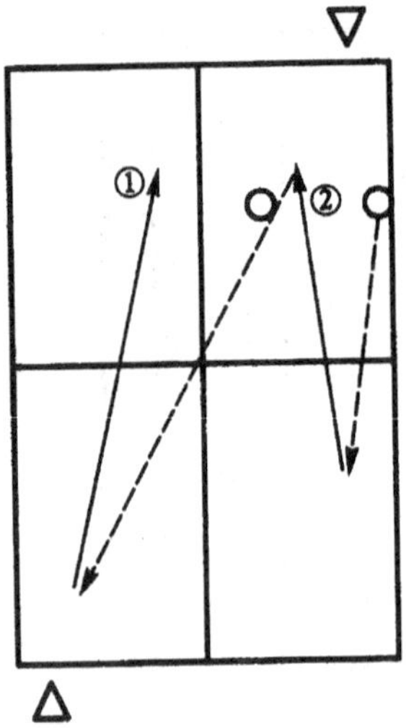

图7-2-17

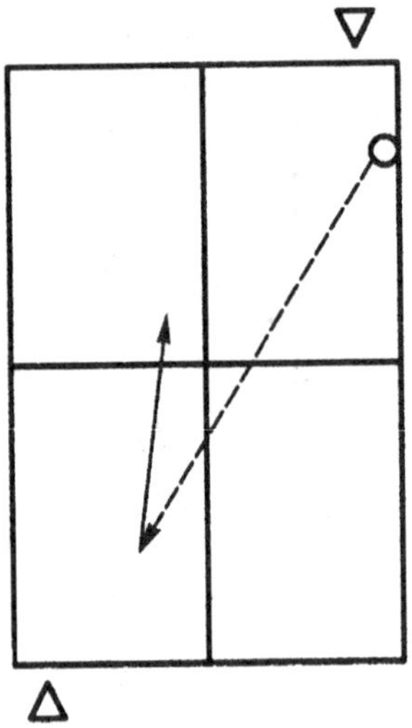

图7-2-18

二、弧圈球打法基本战术运用

（一）发球抢拉战术

1. 战术一

正手（或侧身）发强烈下旋球至对方左侧近网处，迫使对方以搓回击，然后拉加转弧圈到对方反手或中路（图7-2-19）。

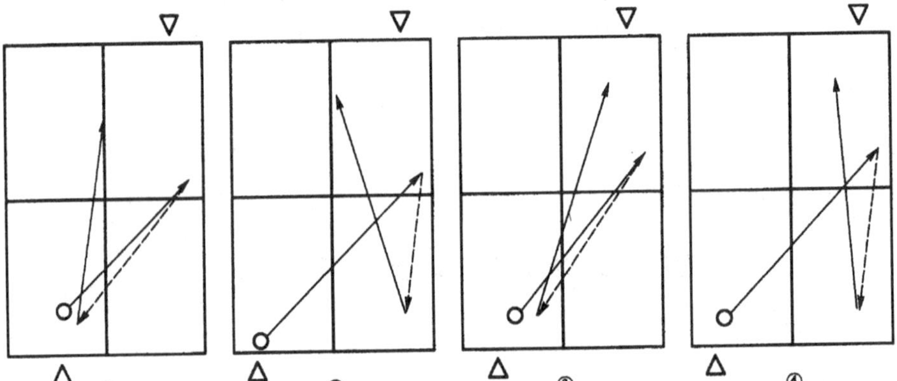

图7-2-19

2. 战术二

反手发右侧上、下旋球至对方中路偏右或偏左的地方，然后拉前冲弧圈球至对方两大角（图7-2-20）。

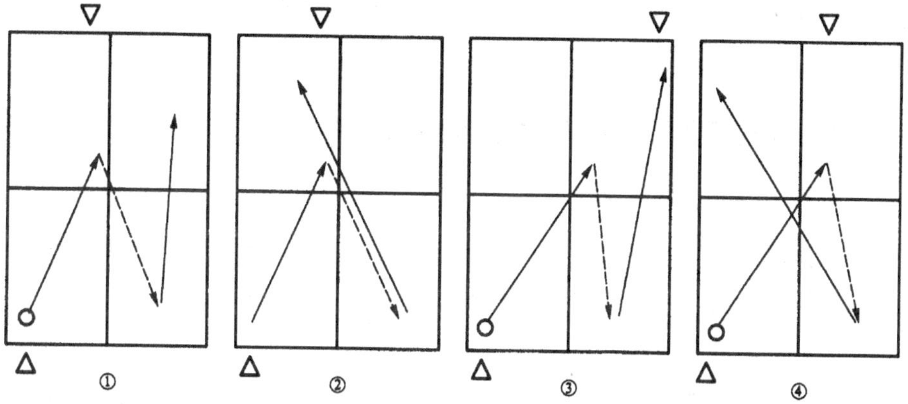

图 7-2-20

3. 战术三

反手发急下旋球至对方中路偏右或左方大角，当对方以搓球回击时，拉前冲弧圈至对方正手（图7-2-21）。

4. 战术四

对削球手一般用速度快、落点长的球，使对方退守，然后根据对方的站位和适应弧圈球的能力，决定拉哪种弧圈向对方攻击（图7-2-22）。

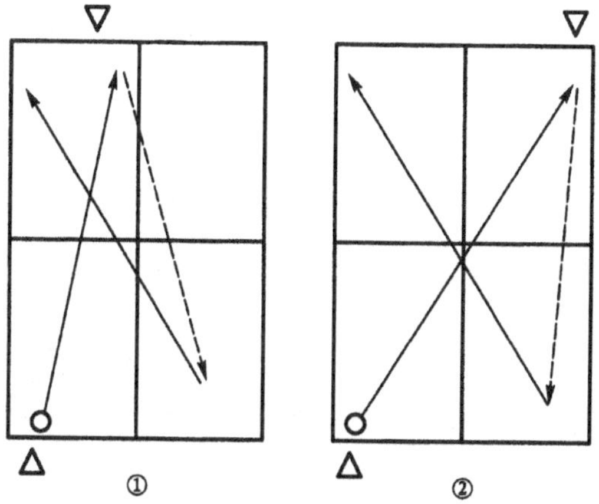

图7-2-21

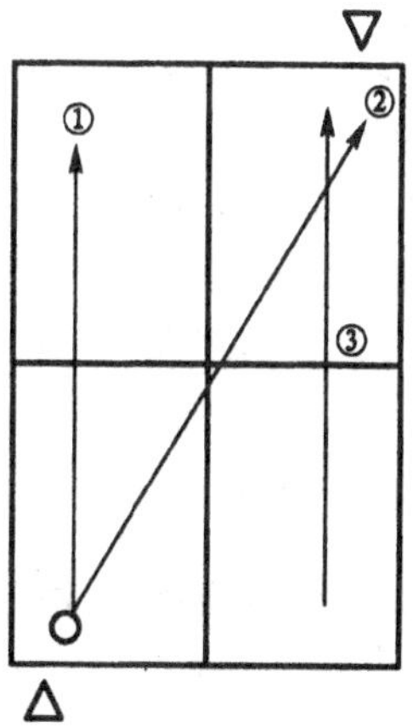

图7-2-22

（二）接发球抢拉战术

1. 战术一

对方发侧上旋球和不太转的球时，用前冲弧圈球回击。

2. 战术二

对方发侧下旋或强烈下旋球时，用加转弧圈球回击（图7-2-23）。

（三）搓中拉弧圈球战术

在对搓中应抓住时机，主动抢拉弧圈球。即在对搓短球时，突然加力搓左角长球，然后侧身拉加转弧圈球，找机会扣杀（图7-2-24）。

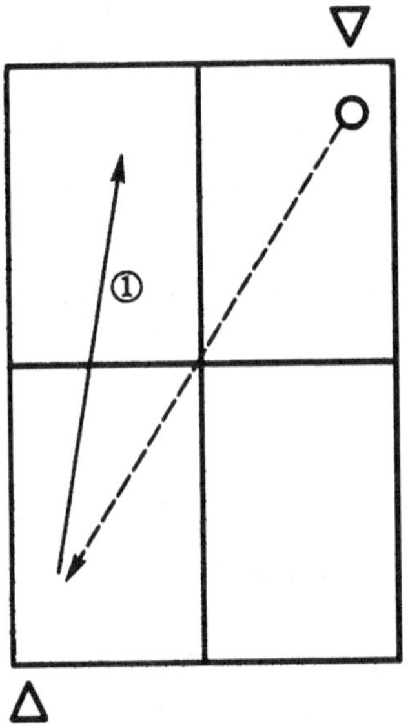

图7-2-23

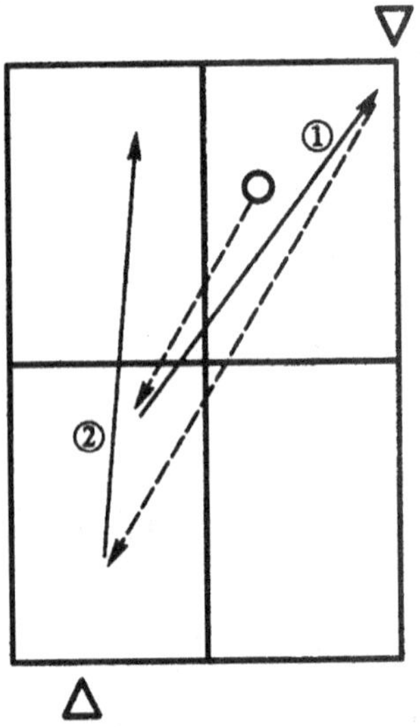

图7-2-24

（四）相持战术

1. 战术一

在对付两面攻打法时，应充分利用正手拉弧圈球攻其中路，再压其反手或突击正手（图7-2-25）。

2. 战术二

左推右攻打法时，可先以弧圈球拉住对方左角，然后转拉中路靠右或正手（图7-2-26）。

3. 战术三

如对方正手攻弧圈球技术较差，可连续使用拉、冲对方正手，再转攻反手（图7-2-27）。

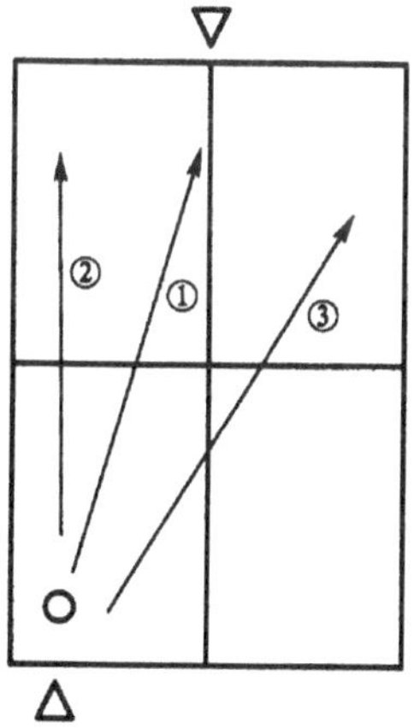

图7-2-25

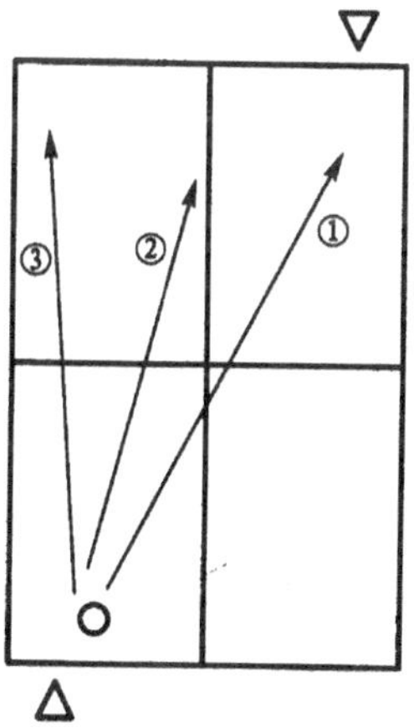

图7-2-26

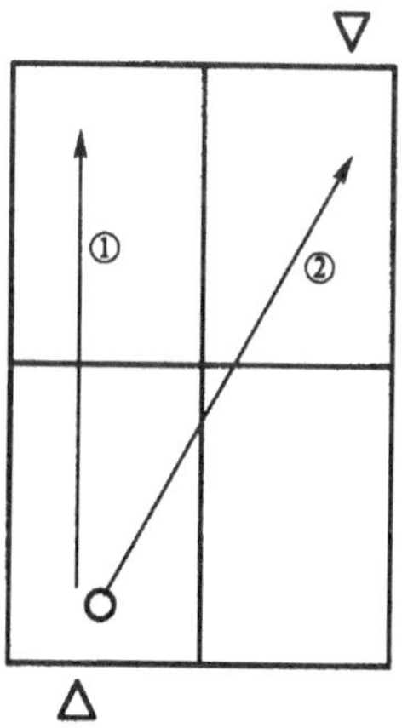

图7-2-27

（五）弧圈球结合扣杀对付削球打法战术

1. 战术一

前冲弧圈球迫使对方远台回击，然后放短球，再扣杀（图7-2-28）。

2. 战术二

拉加转弧圈球与不转弧圈球相结合，伺机扣杀。

3. 战术三

拉两条线（图7-2-29）。

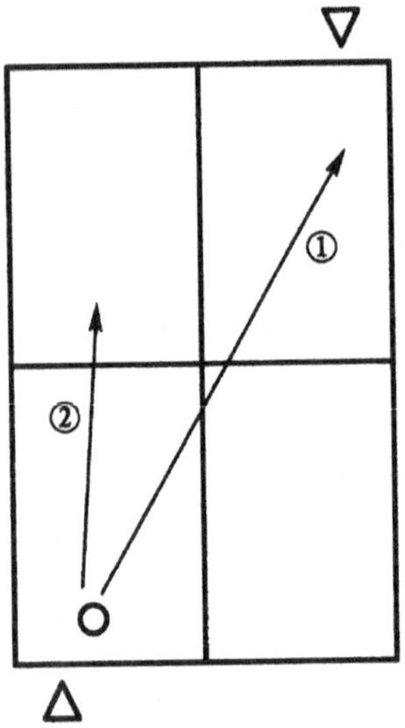

图7-2-28

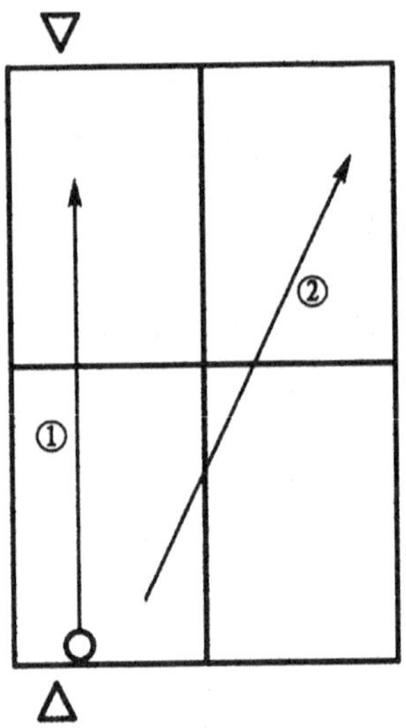

图7-2-29

三、削球打法基本战术运用

削中反攻战术的运用有以下几种。

（一）发球抢攻战术

1. 战术一

反手发侧上（下）旋的近网短球，迫使对方上前拉球或搓球，本方反手打底线长球（图7-2-30）。有时，也可配合发突然性的急球，伺机进行抢攻。

2. 战术二

正手发转与不转的短球至对方的中路或靠左（右）的近网处，伺机进行抢攻（图7-2-31）。

3. 战术三

在局末或关键时刻，以反手发侧上旋长球或用正手发下蹲球至对方反手进行抢攻（图7-2-32）。

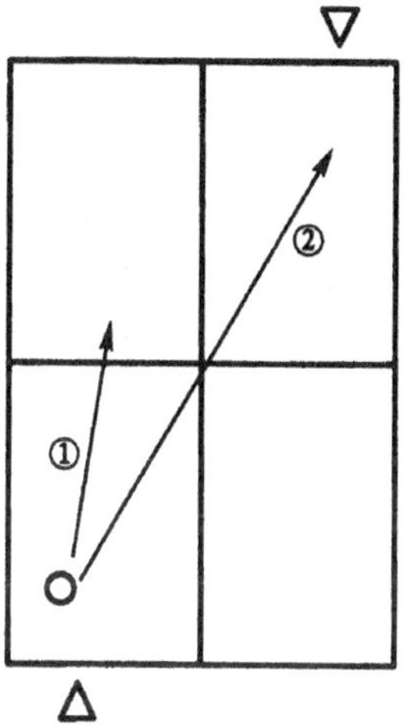

图7-2-30

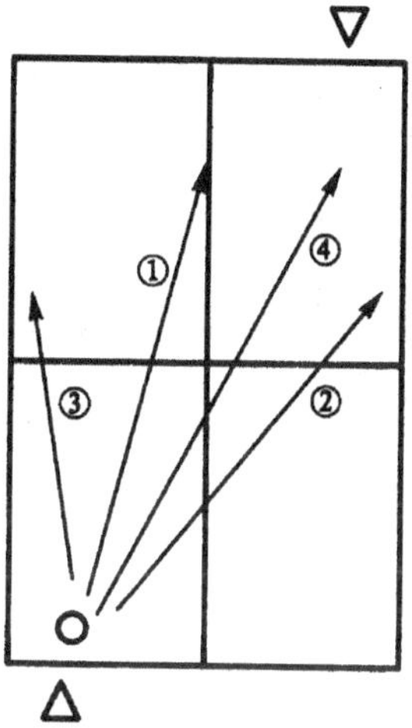

图7-2-31

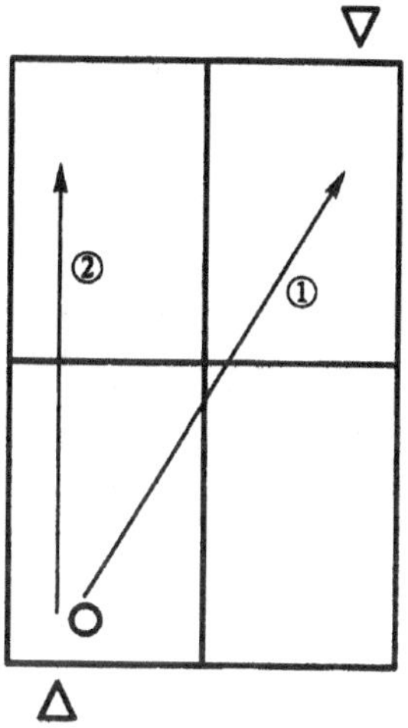

图7-2-32

（二）削转与不转球，配合落点控制，伺机反攻战术

1. 战术一

先加转再送不转或先削不转再突然加转，伺机反攻（图7-2-33）。

2. 战术二

先加转送左角，调动对方侧身拉后，再连续送右角不转长球，伺机反攻（图7-2-34）。

3. 战术三

转与不转交叉削对方两角，伺机反攻。

（三）控制落点，伺机反攻战术

1. 战术一

紧盯左角，反攻右角或紧盯右角，反攻左角。

2. 战术二

交叉逼两角，反攻两角或中间。

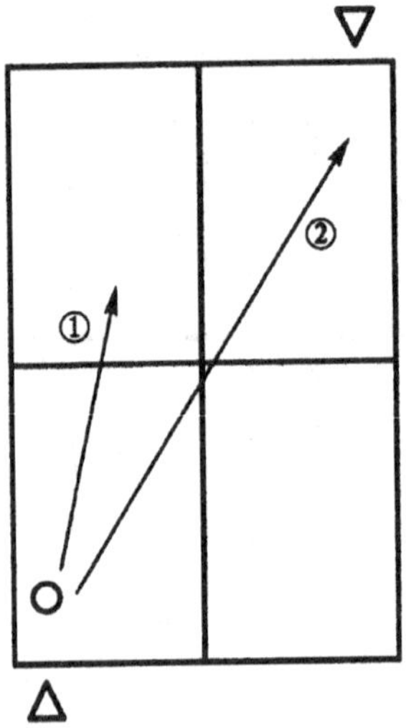

图7-2-33

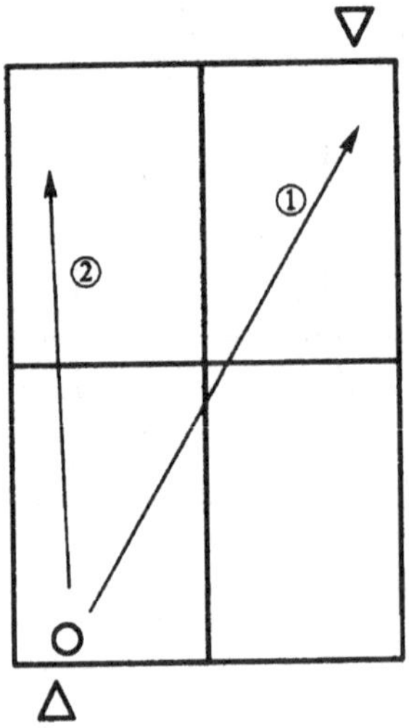

图7-2-34

3. 战术三

逼长送短，送短逼长，伺机反攻。

（四）挡削结合，伺机反攻战术

1. 战术一

削球中突然挡右角空档，使对方措手不及，回出高球，进行反攻。

2. 战术二

先在近台轻挡一两板，再后退削转与不转的球，扰乱对方，伺机反攻。

（五）搓拉结合，伺机反攻

对搓中，可用快慢搓、长短球、转与不转球、侧身拉弧圈球等多种打法，来取得反攻机会。

参考文献

[1] 李祥．学校体育学 [M] .北京：高等教育出版社，2001.

[2] 体育史教材编写组 [M] .体育史，第2版.北京：高等教育出版社，1996.

[3] 王则珊.学校体育理论与研究 [M] .北京：北京体育大学出版社，1995.

[4] 袁振国.当代教育学 [M] .北京：教育科学出版社，1999.

[5] 李帅星.体育运动与儿童右脑的开发 [J] .中国学校体育，1998（5）：70.

[6] 赵立.关于学校体育目标争鸣的思考 [J] .沈阳体育学院学报，1998（4）.

[7] 李志刚等.试论现代科技对体育课程改革的影响 [J] .湖北体育科技，2001，20（1）.

[8] 张学忠.体育课程与体育教学的关系 [J] .体育学刊.2003，3.

[9] 中华人民共和国教育部制定 [M] .体育（与健康）课程标准（实验稿）.北京：北京师范大学出版社.

[10] 李秉德.教学论 [M] .北京：人民教育出版社，2000.

[11] 吴立岗、夏惠贤.教学的原理、模式和活动 [M] .南宁：广西教育出版社，2001.

[12] 王德平.新课程教学设计・体育 [M] .大连：辽宁师范大学出版社，2002.

[13] 曲宗湖.中小学体育课程教案设计 [M] .桂林：广西师范大学出版社，2001.

[14] 刘旭东、张宁娟.校本课程与课程资源开发 [M] .北京：中国人事出版社，2002.

[15] 毛振明.体育教学改革新视野 [M] .北京：北京体育大学出版社，2003.1.

[16] 姚蕾.对我国体育教学评价的理论思考 [J] .北京体育大学学报，

2001（1）.

[17] 陈俊良.体育测量与评价 [M] .北京：人民体育出版社，1991.

[18] 周登嵩.学校体育学 [M] .北京：人民体育出版社，2004.

[19] 杨一民等.中国体育教练员岗位培训教材——足球 [M] .北京：人民体育出版社，1997.

[20] 张恩子等.足球教学训练大纲 [M] .北京：科学普及出版社，1991.

[21] 杨一民等.足球战术与技巧 [M] .北京：人民体育出版社，1996.

[22] 刘丹等.球类运动训练理念批判 [M] .北京：北京体育大学出版社，2006.

[23] 黄汉升.体育教学训练理论法 [M] .北京：高等教育出版社，2003.

[24] 孙民治.篮球运动高级教程 [M] .北京：人民体育出版社，2000.

[25] 叶国雄、叶树华.篮球运动研究必读 [M] .北京：人民体育出版社，1998.

[26] 张尚晏.论中国篮球现代训练的主要特征 [J] .山西师大体育学院学报，2004（1）.

[27] 宋继新.竞技教育学 [M] .北京：人民体育出版社，2003.

[28] 胡启凯.乒乓球学练理论与实践指导 [M] .北京：中国书籍出版社，2014.

[29] 张瑛秋.现代乒乓球训练方法 [M] .北京：北京体育大学出版社，2008.

[30] 郝光安.乒乓球技战术训练与提高 [M] .北京：金盾出版社，2010.